사회실무계열을 위한

大學漢字

鄭 在 敎 編著

탑 북 스

(다음 內容을 부모의 확인을 받아 漢字로 記入하시오)

강 좌 명	
담당교수명	
대 학	
학 과	科 班
학 번	(아라비아 숫자로 기입)
성 명	한글: (한자:)
주 소	
본 적	
父 성 명	한글: (한자:)
母 성 명	한글: (한자:)

과제확인	차수	제출일 지정	실제 제출일	평가 및 확인
	1차	월 일	월 일	
	2차	월 일	월 일	
	3차	월 일	월 일	
	4차	월 일	월 일	

이 책의 이용 안내

사회과학을 전공하는 학생들의 경우 자연과학을 전공하는 학생들에 비해 한자를 대하게 되는 기회가 상대적으로 높으며 졸업 후 직장생활에서도 한자를 접하는 빈도가 매우 높다. 따라서 특별히 한자에 대한 학습이 없으면 재학 중 전공과 관련된 서적들을 폭넓게 독파할 수 없을 뿐만 아니라, 졸업 후 직장생활에서도 어려움에 봉착하게 되리란 것은 자명하다. 그 동안 한자교육에 대한 일관성 없는 교육정책으로 인하여 오늘날 대부분의 대학생들은 안타까울 정도로 한자 능력이 부족하며, 그럼에도 불구하고 이를 만회하기 위하여 그다지 노력하고 있는 것 같지도 않다. 이러한 현실을 파악한 산업사회에서도 근래에는 신입사원의 한자 능력을 평가하는 경우가 많으며, 대학에서도 이러한 심각성을 깊이 인식하여 학생들에게 한자 학습을 독려하고 있다.

이 교재는 그러한 배경하에 특별히 사회실무계열 학생들의 한자 학습을 독려하기 위하여 편집한 것이다. 사회실무계열 각 전공분야의 교재에 나오는 용어를 정리하여 한자로 쓰면서 익힐 수 있도록 구성하였다.

이 교재는 다음과 같이 이용하면 편리할 것으로 보인다.

1. 이 교재는 과제학습의 형식으로 이용, 지도하는 것이 좋을 것이다.
2. 각 전공영역별로 제일 먼저 나오는 〔독해자료〕는 해당 전공영역에 대한 이해를 높이는 문장들을 편집하였다. 교수의 지도하에 학생들이 소리내어 읽으면서 눈으로 글자를 익히도록 했으면 한다. 공동으로 한번 통독하고 밑줄 친 부분에 음을 달도록 시간을 주어도 좋을 것이다.
3. 전공용어 한자 쓰기는 과제학습에 의해 학생들이 작성하여 제출케 했으면 한다. 중복되는 한자가 많은 경우 중복되는 낱말이나 용도가 적은 낱말은 작은 글씨로 표시했으니 그 부분은 눈으로 익히고 다시 쓰지 않아도 좋을 것이다.
4. 각 영역별로 마지막에 평가 용지를 만들어 두었으므로 적절히 활용할 수 있을 것이다. 학생들이 미리 어떤 단어들이 평가항목에 들어 있는지를 알아 연습함으로써 완전학습을 유도하기 위함이다.
5. 이 교재는 최소한 4회 정도의 검사를 통해 학습 진도를 의도적으로 체크하여 독려할 필요가 있을 것으로 보인다. 과제 확인란에 지도사항을 기입토록 해 두었다.

아무쪼록 이 교재가 대학생들의 한자실력 향상에 기여할 수 있기를 간절히 바란다.

編著者.

차 례

1. 중요 부수(部首)

部首는 한자 사전에서 한자를 찾을 때 필요한 기본 글자를 말한다. 214개 중 자주 사용하는 것만 정리하였으니 익혀두어야 할 것이다.

부수자	훈 (부수명칭)	사 용 예	부수자	훈 (부수명칭)	사 용 예
亅	갈고리 궐	事 일 사	巾	수건 건	帆 돛 범 布 베 포
亠	머리부분 두 (돼지해머리)	亥 돼지 해	干	방패 간	幹 줄기 간 平 평평할 평
人(亻)	사람 인 (사람인 변)	仁 어질 인	广	터진집 엄 (엄호 밑)	庫 창고 고 店 가게 점
儿	어진사람 인	先 먼저 선 兄 맏 형	廴	당길 인 (민책받침)	延 끌 연 建 세울 건
冖	덮을 멱 (민갓머리)	冥 저승 명 冠 갓 관	弓	활 궁	弔 스퍼할 조 引 끌 인
冫	얼음 빙 (이수 변)	冰(氷)얼음빙 凍 얼 동	彡	터럭 삼	影 그림자 영 形 모양 형
凵	입벌릴 감 (위터진 입구)	出 날 출 凶 흉할 흉	彳	조금걸을 척 (두인 변)	彷 방황할 방 往 갈 왕
刀	칼 도	切 끊을 절 分 나눌 분	阝(邑)	고을 읍	都 도읍 도 郡 고을 군
勹	쌀 포	匈 오랑캐 흉 包 쌀 포	心(忄)	마음 심 (심방 변)	忙 바쁠 망 忠 충성 충
匚	상자 방 (터진 입구)	匠 장인 장 匪 도적 비	手(扌)	손 수	打 칠 타 持 가질 지
卜	점 복	占 점칠 점 卦 점괘 괘	斤	도끼 근	斬 벨 참 新 새로울 신
卩(㔾)	무릎 절	危 위태할 위 卯 토끼 묘	欠	하품 흠	歡 기뻐할 환 歌 노래 가
厂	굴바위 엄 (민엄호)	厄 재앙 액 原 근원 원	水(氵)	물 수 (삼수 변)	泳 헤엄칠 영 江 강 강
厶	사사로울 사 (마늘 모)	參 참여할 참 去 갈 거	爿	널빤지 장	將 장차 장 狀 문서 상
宀	집,갓머리 면 (갓머리)	安 편안할 안 家 집 가	艹	풀 초	花 꽃 화 草 풀 초
寸	마디 촌	尊 받들 존 封 봉할 봉	癶	걸을 발	發 떠날 발 登 오를 등
尸	주검 시	居 살 거 尿 오줌 뇨	禾	벼 화	稚 어릴 치 秋 가을 추
己	몸 기	改 고칠 개 記 기록할 기	糸	실 사	紛 어지러울분 約 묶을 약

2. 다른 음(音)을 가진 漢字

降	내릴 **강** 항복할 **항**	降雨 강우 降伏 항복	否	아니 **부** 막힐 **비**	否定 부정 否塞 비색	識	알 **식** 기록할 **지**	知識 지식 標識 표지
更	다시 **갱** 고칠 **경**	更生 갱생 變更 변경	北	북녘 **북** 달아날 **배**	南北 남북 敗北 패배	惡	악할 **악** 미워할 **오**	善惡 선악 憎惡 증오
車	수레 **거** 수레 **차**	車馬 거마 車庫 차고	狀	형상 **상** 문서 **장**	狀態 상태 賞狀 상장	易	바꿀 **역** 쉬울 **이**	交易 교역 容易 용이
見	볼 **견** 나타날 **현**	見聞 견문 見夢 현몽	殺	죽일 **살** 감할 **쇄**	殺生 살생 相殺 상쇄	切	끊을 **절** 모두 **체**	切斷 절단 一切 일체
龜	나라 **구** 거북 **귀** 터질 **균**	龜茲 구자 龜鑑 귀감 龜裂 균열	塞	변상 **새** 막을 **색**	要塞 요새 塞源 색원	著	나타낼 **저** 붙을 **착**	著述 저술 着色 착색
金	쇠 **금** 성 **김**	金屬 금속 金氏 김씨	索	찾을 **색** 쓸쓸할 **삭**	思索 사색 索莫 삭막	直	곧을 **직** 값 **치**	正直 정직 直錢 치전
茶	차 **다** 차 **차**	茶菓 다과 茶禮 차례	説	말씀 **설** 달랠 **세** 기쁠 **열**	説明 설명 遊説 유세 説乎 열호	參	참여할 **참** 셋 **삼**	參席 참석 參萬 삼만
度	법도 **도** 헤아릴 **탁**	制度 제도 度地 탁지	省	살필 **성** 덜 **생**	反省 반성 省略 생략	推	밀 **추** 밀 **토**	推理 추리 推敲 퇴고
讀	읽을 **독** 구절 **두**	讀書 독서 吏讀 이두	屬	좇을 **속** 맡길 **촉**	從屬 종속 屬託 촉탁	則	법 **칙** 곧 **즉**	規則 규칙 然則 연즉
洞	마을 **동** 통할 **통**	洞里 동리 洞察 통찰	率	비율 **률** 거느릴 **솔**	確率 확률 統率 통솔	暴	갑자기 **폭** 사나울 **포**	暴死 폭사 暴惡 포악
樂	즐길 **락** 풍류 **악** 좋아할 **요**	苦樂 고락 音樂 음악 樂山 요산	食	먹을 **식** 밥 **사**	食堂 식당 疏食 소사	復	회복할 **복** 다시 **부**	回復 회복 復活 부활

3. 약자(略字) · 속자(俗字)

문자생활이 빈번해짐에 따라 획수를 줄여서 간단하고 편리하게 略字나 俗字를 쓰는 경우가 많아지고 있다. 日本의 경우 略字나 俗字가 있는 글자는 正字를 쓰지 않는다. 중국의 간자체 학습에도 유익할 것이다.

價	価	값 가	擔	担	멜 담	樓	楼	다락 누
假	仮	거짓 가	當	当	당할 당	萬	万	일만 만
覺	覚	깨달을 각	黨	党	무리 당	蠻	蛮	오랑캐 만
擧	挙	들 거	對	対	대할 대	賣	売	팔 매
輕	軽	가벼울 경	圖	図	그림 도	麥	麦	보리 맥
經	経	지날 경	獨	独	홀로 독	發	発	일어날 발
鷄	鶏	닭 계	讀	読	읽을 독	拜	拝	절 배
繼	継	이을 계	樂	楽	즐거울 락	變	変	변할 변
關	関	빗장 관	亂	乱	어지러울 란	邊	辺	가 변
廣	広	넓을 광	覽	覧	볼 람	辯	弁	말잘할 변
區	区	구역 구	來	来	올 래	竝	並	나란할 병
舊	旧	옛 구	兩	両	둘,짝 량	寶	宝	보배 보
國	国	나라 국	勵	励	힘쓸 력	拂	払	떨어버릴 불
權	権	권세 권	戀	恋	사모할 연	絲	糸	실 사
龜	亀	거북 구	靈	霊	영혼 영	寫	写	베낄 사
氣	気	기운 기	齡	齢	나이 령	辭	辞	말씀 사
團	団	둥글 단	禮	礼	예도 예	雙	双	짝 쌍
單	単	홑 단	勞	労	일할 노	聲	声	소리 성
斷	断	끊을 단	錄	録	기록할 녹	屬	属	붙을 속

數	数	수 수	壽	寿	목숨 수	實	実	열매 실
兒	児	아이 아	蠶	蚕	누에 잠	處	処	곳 처
巖	岩	바위 암	雜	雑	섞을 잡	淺	浅	얕을 천
壓	圧	누를 압	壯	壮	씩씩할 장	鐵	鉄	쇠 철
藥	薬	약 약	莊	荘	별장 장	廳	庁	관청 청
嚴	厳	사양할 양	爭	争	다툴 쟁	體	体	몸 체
餘	余	남을 여	戰	戦	싸움 전	觸	触	닿을 촉
與	与	줄 여	錢	銭	돈 전	總	総	모두 총
驛	駅	역말 역	傳	伝	전할 전	蟲	虫	벌레 충
譯	訳	통변할 역	轉	転	구를 전	齒	歯	이 치
鹽	塩	소금 염	點	点	점 점	稱	称	일컬을 칭
營	営	경영할 영	淨	浄	깨끗할 정	豐	豊	풍성할 풍
藝	芸	재주 예	濟	済	가지런할 제	學	学	배울 학
圓	円	둥글 원	條	条	조목 조	鄕	郷	시골 향
圍	囲	둘러쌀 위	弔	弔	조상할 조	虛	虚	빌 허
爲	為	할 위	從	従	좇을 종	獻	献	드릴 헌
應	応	응할 응	晝	昼	낮 주	號	号	부르짖을호
醫	医	의원 의	證	証	증거할 증	畫	画	그림 화
貳	弐	둘 이	盡	尽	다할 진	歡	歓	기뻐할 환
壹	壱	하나 일	贊	賛	찬성할 찬	會	会	모을 회
殘	残	남을 잔	參	参	참여할 참	黑	黒	검을 흑

4. 경조사(慶弔事)의 수의(修儀)

修儀란 부조금의 봉투, 선물의 포장지나 화환의 리본, 축전 등 각종 慶弔行事時에 기록하는 文句를 말한다. 修儀를 한자로 익혀두면 사회생활에 도움이 된다.

경 조 사	수 의 (修 義)
개업 · 이전 창립(기념)	祝發展(축발전) 祝開業(축개업) 祝盛業(축성업), 祝繁榮(축번영) 祝移轉(축이전)
승진 · 영전	祝昇進(축승진), 祝榮轉(축영전)
회갑 · 수연 생일	祝回甲(축회갑) 祝華甲(축화갑) 祝儀(축의), 祝壽宴(축수연) 祝古稀(축고희) 祝生日(축생일)
결혼 · 약혼 금혼 · 은혼	祝華婚(축화혼) 祝結婚(축결혼) 賀儀(하의) 祝盛典(축성전) 祝約婚(축약혼) 祝金婚式(축금혼식) 祝銀婚式(축은혼식)
출산	**男兒(남아)** : 祝弄璋慶(축농장경) 祝得男(축득남) **女兒(여아)** : 祝弄瓦慶(축농와경) 祝得女(축득녀)
창립 · 개점 완공	祝創立(축창립) 祝開店(축개점) 祝完工(축완공)
발간 · 출판	祝創刊(축창간) 祝開業(축개업) 祝出版(축출판)
전시회 · 연주회 발표회	祝展示會(축전시회) 祝演奏會(축연주회), 祝發表會(축발표회)
환자위문	祈快癒(기쾌유) 祈完快(기완쾌)
사망 · 추모	**初喪(초상)**: 謹弔(근조) 賻儀(부의) 弔意(조의) 香燭(향촉) **小祥(소상), 大祥(대상)**: 香奠(향전) 奠儀(전의) 薄儀(박의)
	追慕(추모) 追悼(추도) 哀悼(애도)

5. 직위명(職位名) 漢字

職位名(漢字)	職位名(한글)	職位名 (영어)
名譽會長	명예회장	Honorary Chairman
會　　長	회　　장	Chairman
副 會 長	부 회 장	Vice Chairman
社　　長	사　　장	President
代表理事	대표이사	Executive Managing Director
副 社 長	부 사 장	Vice President
專務理事	전무이사	Senior Managing Director
常務理事	상무이사	Managing Director
理事 / 重役	이사 / 중역	Director/Member of the Board
非常勤任員	비상근임원	Outside Director
顧　　問	고　　문	Executive Advisor
相 談 役	상 담 역	Advisor
監　　事	감　　사	Auditor
非常勤監事	비상근감사	Outside Auditor
秘　　書	비　　서	Secretary
支配人/本部長 /事業部長	지배인/본부장 /사업부장	General Manager
支 店 長	지 점 장	Branch Manager
海外出張所長	해외출장소장	Liaison Office Director
所　　長	소　　장	Division Manager
副事業部長	부사업부장	Deputy General Manager
部　　長	부　　장	Department Manager
次　　長	차　　장	Deputy Department Manager
部長代理	부장대리	Assistant Department Manager
室　　長	실　　장	Manager
課　　長	과　　장	Section Manager
係　　長	계　　장	Assistant(section) Manager
主　　任	주　　임	Supervisor
常 務 會	상 무 회	Executive Committee
理 事 會	이 사 회	Board of Directors

6. 한자성어(漢字成語)

漢字成語는 옛 문헌이나 고사에서 인용된 이야기를 근거로 구성된 말이다. 상식문제에도 자주 등장하는 한자성어를 익혀두면 한자실력 배양에도 도움이 될 것이다.

漢字成語	읽 기	해 설
夫唱婦隨	부창부수	남편이 주장하고 아내가 따른다. 부부화합을 의미
靑出於藍	청출어람	쪽 풀에서 나온 푸른 물감이 쪽빛보다 더 푸르다. 스승보다 제자가 더 훌륭함을 이르는 말
兎死狗烹	토사구팽	토끼 사냥이 끝나면 개는 쓸모없게 되어 삶아 먹는다. 필요할 때 써 먹고 쓸모가 없어지면 가혹하게 버린다는 의미
甲論乙駁	갑론을박	갑이 논하면 을이 논박한다. 서로 논란하고 반박함.
甘呑苦吐	감탄고토	달면 삼키고 쓰면 뱉는다. 자기 비위에 맞으면 취하고 싫으면 버린다는 뜻.
畵龍點睛	화룡점정	장승요가 벽에 그린 용에 눈동자를 찍으니 용이 하늘로 올라갔다. 가장 중요한 부분을 마쳐 완성한다는 뜻.
換骨奪胎	환골탈태	옛 사람이나 타인의 글에서 그 형식이나 내용을 모방하여 자기 작품을 꾸밈.
三人成虎	삼인성호	세 사람이면 없던 호랑이도 만든다. 거짓말이라도 여럿이 말하면 참말로 믿기 쉽다는 뜻.
刎頸之交	문경지교	목을 벨 수 있는 벗. 생사를 같이 할 수 있는 소중한 벗.
事必歸正	사필귀정	처음엔 시비를 가리지 못하여 그릇되더라도 모든 일은 결국 바르게 정리된다.
小貪大失	소탐대실	작은 것을 탐하다가 오히려 큰 것을 잃음.
束手無策	속수무책	손이 묶인 듯이 어찌할 방책이 없음. 뻔히 보면서 어찌할 바를 모르고 꼼짝 못한다는 말.
興盡悲來	흥진비래	즐거운 일이 지나가면 슬픈 일이 닥쳐온다. 세상 일이 순환됨을 가리키는 말.
牽强附會	견강부회	이치에 맞지 않는 말을 억지로 끌어 붙혀 자기 주장에 맞도록 함.
見蚊拔劍	견문발검	모기를 보고 칼을 뺀다. 조그만 일에 화를 내는 소견이 좁은 사람.
語不成說	어불성설	말이 이치에 맞지 않음을 뜻함.
緣木求魚	연목구어	나무에서 물고기를 구한다. 목적이나 수단이 일치하지 않아 성공하기 어려움.
大器晩成	대기만성	큰 그릇은 늦게 이루어진다. 크게 될 인물은 오랜 공적을 쌓아 늦게 이루어진다.
明若觀火	명약관화	불을 보는 것 같이 밝게 보인다. 더 말할 나위 없이 명백함.
同病相憐	동병상련	같은 병자끼리 서로 가엾게 여긴다. 어려운 처지에 있는 사람끼리 서로 불쌍히 여겨 동정하고 도움.
以心傳心	이심전심	석가와 가섭이 마음으로 마음에 전함에서 유래. 마음과 마음이 통하여 서로의 의중을 깨닫게 됨.
好事多魔	호사다마	좋은 일에는 반드시 방해되는 일이 있음

漢字成語	읽 기	해 설
臥薪嘗膽	와신상담	섶에 누워 쓸개를 씹는다. 원수를 갚으려고 온갖 괴로움을 참고 견딤.
姑息之計	고식지계	당장의 편안함을 꾀하는 일시적인 방편.
日就月將	일취월장	날마다 달마다 성장하고 발전한다. 학업이 나날이 진보함을 이룸.
自畵自讚	자화자찬	자기가 그린 그림을 스스로 칭찬한다. 자기가 한 일을 자기 스스로 자랑함.
苦盡甘來	고진감래	쓴 것이 다 하면 단것이 온다. 고생 끝에 낙이 온다.
過猶不及	과유불급	정도를 지나치면 도리어 안한것만 못함. 중용을 가르키는 말.
管鮑之交	관포지교	옛 중국의 관중과 포숙처럼 친구 사이가 다정함을 이르는 말.
同價紅裳	동가홍상	같은 값이면 다홍치마. 같은 조건이면 좀 더 좋은 것을 택함.
烏飛梨落	오비이락	까미귀 날지 베 떨어진디. 이무런 관계도 없이 한 일이 공교롭게 디른 일과 때가 일치해 혐의를 받게 됨.
吳越同舟	오월동주	오나라 사람과 월나라 사람이 한배에 탐. 어려운 상황에서는 원수라도 협력하게 된다.
進退維谷	진퇴유곡	앞으로도 뒤로도 나아가거나 물러서지 못함. 궁지에 빠진 상태.
桑田碧海	상전벽해	뽕나무 밭이 변하여 푸른 바다가 된다. 세상이 몰라볼 정도로 바뀐 것.
巧言令色	교언영색	환심을 사기 위해 교묘히 꾸며서 하는 말과 아첨하는 얼굴빛.
群鷄一鶴	군계일학	무리지어 있는 닭 가운데 한 마리의 학. 여러 평범한 사람 가운데 뛰어난 한 사람.
勸善懲惡	권선징악	착한 행실을 권장하고 악한 행실을 징계함.
錦上添花	금상첨화	비단위에 꽃을 더함. 좋은 일에 또 좋은 일이 더하여 짐.
錦衣夜行	금의야행	비단 옷을 입고 밤길을 다닌다. 아무 보람 없는 행동을 비유하여 이르는 말.
袖手傍觀	수수방관	팔짱을 끼고 보고만 있다. 어떤 일을 당하여 옆에서 보고만 있는 것을 말함.
脣亡齒寒	순망치한	입술을 잃으면 이가 시리다. 가까운 사이의 한쪽이 망하면 다른 쪽도 영향을 받음.
識字憂患	식자우환	글자를 아는 것이 오히려 근심이 됨. 알기는 알아도 똑바로 알지 못하여 그 지식이 오히려 걱정거리가 됨.
不恥下問	불치하문	자기보다 아랫사람에게 배우는 것을 부끄럽게 여기지 아니함.
切磋琢磨	절차탁마	옥돌을 자르고 줄로 쓸고 끌로 쪼고 갈아 빛을 냄. 학문이나 인격을 갈고 닦음.
朝令暮改	조령모개	아침에 명령을 내리고서 저녁에 다시 바꾼다는 뜻. 법령의 개정이나 사람의 행실이 자주 바뀌어 믿을 수가 없음.
附和雷同	부화뇌동	우레 소리에 맞춰 함께함. 자신의 뚜렷한 소신 없이 그저 남이 하는 대로 따라감.

7. 大學生活 用語

[讀解資料] 다음의 문장을 읽으면서 밑줄 친 漢字單語 아래에 음을 달아라.

題目: 大學에서의 學問

大學에서 學問을 닦는다, 공부를 한다는 것은 中學校나 高等學校에서 말하는 소위
( ) ( )
공부라는 것과는 그 뜻이 다르며, 또한 마땅히 달라야만 한다. 즉 大學에서는 專門
(
分野가 정해져 있다는 것 외에 공부하는 態度라는 根本的으로 重要한 점이 있다.
) ( ) ( )
그 態度는 大學 以前의 態度를 백팔십도로 轉換한 것이라야 한다. 大學에서는 高
( )
等學校 時節에 배운 것처럼, 完成된 知識을 익힌다거나 혹은 통째로 暗記하는 것만
( ) ( ) ( )
으로는 不充分하다. 그 보다는 오히려 講義에서 얻은 知識을 觸媒作用으로 自己
( ) ( ) ( )
스스로 생각하는 힘을 키우는 것이 공부의 主眼點으로 되어 있기 때문이다.
( )

教師도 또한 高等學校까지는 教科書를 가르치는 것이 주된 任務였다. 교과서에
( ) ( ) ( )
적혀 있는 商品을 파는, 말하자면 일종의 强賣일 수 있다. 그러나 大學의 教授는
( ) ( )
어떤 경우에도 강매는 許容되지 않는다. 오직 장기간 研究하여 그 教授가 到達한
( ) ( )
立場에서 자기의 一貫된 見解를 학생들에게 講義할 뿐이다. 그것은, 그 教授가 研
( )
究한 바 있는 하나의 見解를 그저 條理있게 說明하는 것일 뿐이다. 다시 말하면
( )
자기의 說과는 다른 見解가 그밖에 얼마든지 있을 수 있다는 前提 아래서 講義를 하는 것이다.

훌륭한 敎授란, 自己의 講義를 學生들이 백퍼센트 暗記하는 것을 바라지 않는다. 敎授는 어떤 前提 혹은 어떤 立場 같은 것을 論理的으로 說明한다. 그 講義는 그 前提나 立場에서 一貫性이라는 것이 一例로서 講義되고 있을 따름이라고 받아들여야 하는
( ) ( )
것이다.

그러므로 學生의 立場에서는 그 講義가 과연 一貫된 論理를 지니고 있는가, 또는 一貫된 立場에 서 있는가, 그리고 과연 自己에게도 納得이 가는 것인가를 恒常 생각하면서
( )
들을 必要가 있다. 그 態度는 中高等學校에서 經驗한 공부처럼, 이것만 배우면 된다거나
( ) ( )
혹은 先生이 말 한대로 어김없이 暗記하면 萬事亨通 했던 것과는 根本的으로 다르다는
( )
점을 理解하는 것이다.
( )

敎授가 講義하고 있는 것은 思考의 한 例가 풀이되고 있는 것에 지나지 않으므로 學
( )
生은 설사 敎授의 說과 다를지라도 스스로 공부하여 自力으로 發動이 걸린 硏究를 하는
( )
실마리를 자기 스스로 찾아야 하는 것이다. 그렇게 하는 것이 大學에서 공부하고 學問을 닦는 가장 重要한 姿勢인 것이다.
( )

大學校	文理大	社會科學	自然 科學
대 학 교	문 리 대	사 회 과 학	자 연 과 학
大 큰 學 배울 校 학교	文 무늬 理 다스릴	社 단체 會 모임 科 조목	自 스스로 然 그러할

經營 大學	醫科 大學	工科 大學	農科 大學
경 영 대 학	의 과 대 학	공 과 대 학	농 과 대 학
經 날실 營 경영할	醫 치료할 科 조목	工 장인 科 조목	農 농사 科 조목

法 科 大學	家 政 大學	師 範 大學	敎務處
법 과 대 학	가 정 대 학	사 범 대 학	교 무 처
法 법 科 조목	家 집 政 정사	師 스승 範 법	敎 가르칠 務 힘쓸 處 살

總務處	入 學	卒 業	休復學
총 무 처	입 학	졸 업	휴 복 학
總 거느릴 務 일,힘쓸	入 들 學 배울	卒 무리 業 사업	休 쉴 復 돌아올

編入	在學	自退	大學本部
편 입	재 학	자 퇴	대 학 본 부
編 엮을 入 들	在 있을 學 배울	自 스스로 退 물러날	本 근본 部 거느릴

總學生會	學報社	圖書館	放送局
총 학 생 회	학 보 사	도 서 관	방 송 국
總 거느릴 學 배울	學 배울 報 갚을 社 단체	圖 그림 書 기록 館 객사	放 놓을 送 보낼 局 판

總 長	處 長	學 長	學科長
총 장	처 장	학 장	학 과 장
總 거느릴 長 길	處 머물 長 길	學 배울 長 길	學 배울 科 조목

指導教授	專任講師	受講申請	受講 變 更
지 도 교 수	전 임 강 사	수 강 신 청	수 강 변 경
指 가리킬 導 이끌	專 오로지 任 맡길 講 익힐 師 스승	受 받을 講 익힐 申 거듭 請 청할	變 변할 更 고칠

專攻必須	敎養選擇	再受講	講義室
전 공 필 수	교 양 선 택	재 수 강	강 의 실
專 오로지 功칠,다스릴 必 반드시 須 모름지기	敎 가르칠 養 기를 選 가려뽑을 擇 택할	再 다시 受 받을	講 익힐 義 옳을 室 집

休缺講	補 講	中間考査	期 末 考査
휴 결 강	보 강	중 간 고 사	기 말 고 사
休 쉴 缺 흠, 모자랄	補 도울 講 익힐	中 가운데 間 사이 考 살펴볼 査 조사할	期 기약할 末 끝말

履歷書	身上明細	自己紹介	住民登錄
이 력 서	신 상 명 세 서	자 기 소 개 서	주 민 등 록
履 신다 歷 지낼 書 쓸, 기록할	身 몸 上 위 明 밝을 細 가늘	自 스스로 己 자기 紹 알선할 介 끼일	住 살 民 백성 登 오를 錄 기록할

生年月日	學番	姓名	本籍
생 년 월 일	학 번	성 명	본 적
生 날 年 해 月 달 日 날	學 배울 番 차례	姓 성 名 이름	本 뿌리 籍 장부

現住所	保護者	父 母	兄 弟
현 주 소	보 호 자	부 모	형 제
現 나타낼 住 살 所 자리	保 지킬 護 보호 者 사람	父 아비 母 어미	兄 맏형 弟 아우

姉 妹	經 歷	軍入隊	除 隊
자 매	경 력	군 입 대	제 대
姉손윗누이 妹손아랫누이	經 길 歷지낼	軍 군사 入 들 隊 무리	除 섬돌 隊 무리

電話番號	資格證	免許證	保證人
전 화 번 호	자 격 증	면 허 증	보 증 인
電 번개 話 말할 番 차례 號 부르짖을	資 재물 格 바로잡을	免 면할 許 허락할	保 지킬 證 증거할

適性	面接	連絡處	就業
적 성	면 접	연 락 처	취 업
適 갈 性 성품	面 낯 接 사귈	連 잇닿을 絡 헌솜	就 이룰 業 업

평가영역	학　과	학　번	성　명	점　수
대학생활 용어				

※ 漢字는 한글로, 한글은 漢字로 전환하여 빈칸을 채우시오.

漢　字	한　글	한　글	漢　字
1. 自　然		1. 사회과학	
2. 師　範		2. 졸　업	
3. 經　營		3. 휴　학	
4. 圖 書 館		4. 학 보 사	
5. 學 科 長		5. 학 과 장	
6. 受講申請		6. 성　명	
7. 講 義 室		7. 교　수	
8. 專攻必須		8. 현 주 소	
9. 缺　講		9. 군 입 대	
10. 身上明細		10. 중간고사	

절 취 선

8. 經濟學 用語

[讀解資料] 다음의 문장을 읽으면서 밑줄 친 漢字單語 아래에 音을 달아라.

題目: 社會科學으로서의 經濟學

經濟學은 社會科學의 一部門을 이루고 있다. 사회과학은 自然科學과 같이 經驗
(　　　)(　　　　)　　　　　　　　　　　　　　　　(　　　　)　　(
科學에 속한다. 즉, 그것은 경험을 基礎로 하여 그 經驗을 思惟에 의하여 敍述한
　　)　　　　　　　　　　　　　　　　　　　　　　(　　)　　　(　　)
다는 點에 있어서는 自然科學과 共通點을 갖고 있다. 그러나 그 對抗과 方法은 자
　　　　　　　　　　　　　　　(　　　)
연과학과는 다르다. 社會科學에는 文化科學, 精神科學, 歷史科學 등도 있다.
　　　　　　　　　　　　　　　(　　　　)(　　　　)(　　　　)

經濟學은 인간의 社會行爲 가운데 經濟行爲를 관찰한다. 인간의 사회행위에는
　　　　　　　　　　　　　　(　　　　)
經濟的, 法律的, 政治的, 倫理的, 宗敎的, 藝術的 행위 등 각종행위가 있다. 이들
(　　)(　　)(　　)(　　)(　　)(　　)
각각의 행위는 밀접하게 관련되어 있다. 그 가운데 어느 것이 經濟的이고 어느 것이 政治的, 宗敎的, 倫理的인가를 명확히 구별한다는 것은 곤란하다. 社會科學은 인간의 社會行爲를 社會科學이라고 하는 유일한 科學에 의하여 설명한다. 그러나
　　(　　　　)
人間의 社會行爲는 매우 복잡하여 한 개의 科學으로서 說明을 한다는 것은 거의 不可能하다.

그러므로 사회과학에는 經濟學·宗敎學·倫理學 등의 여러 部門으로 設定되어있
　　　　　　　　　　(　　　)(　　　)(　　　)
다. 經濟學은 인간의 사회적 행위 가운데 오직 經濟的 側面을, 法律學은 法律的
　　　　　　　　　　　　　　　　　　　　(　　　　　)
側面을, 政治學은 政治的 側面을 다루고 있고, 각각 專門的인 角度에서 인간의 사

회적 행위를 觀察하는 것이다. 이와 같이 각각의 專門的 分野에서 인간의 사회적
( ) ( )
행위를 觀察하는 것은 인간의 사회적 행위를 보다 깊이 理解하기 위한 것이므로
( )
各部門이 全體에서 차지하는 地位 및 다른 部門과의 사이에 存在하는 관계를 명확
( )
히 보아야 한다. 이것을 충분히 認識하고 그 분야의 學者들이 각각의 專門的 硏究
( ) ( )
에 노력하면 그것에 의하여 一體가 되어 인간의 사회적 행위는 그렇지 않은 경우
와 比較하여 보다 낫게 理解되어 진다. 同時에 이와 같은 專門的 硏究를 통합한
專門的 硏究가 필요하다.
( )

經濟學은 세 가지 部門으로 나누어진다. 첫째는 經濟의 發達 또는 변천을 時間
(
的 順序에 따라 個別的, 具體的으로 관찰하고 이것을 記述하는 부문, 둘째는 이와
) ( )( )
같이 記述된 個個의 經濟現象間에 존재하는 因果의 必然的 關係를 밝히는 부문, 셋
( ) ( ) ( )( )
째는 이와 같이 發見한 法則을 現實의 政策에 應用하는 부문이다. 첫째 부문은 經
( ) (
濟史, 둘째의 부문은 經濟理論, 셋째 부문은 經濟政策이다. 이 세 가지 部門은 相互
) ( ) ( )
밀접한 關聯을 갖고 있음과 동시에 또 각각의 獨自性을 갖고 있다.
( ) ( )

價格競爭	經濟行爲	消費曲線	供給函數
가 격 경 쟁	경 제 행 위	소 비 곡 선	공 급 함 수
價 값 格 바로잡을 競 겨룰 爭 다툴	經 날 濟 건널 行 행할 爲 할	消 사라질 費 쓸 曲 굽을 線 줄	供 이바지 給 넉넉할 函 함 數 셀

景 氣 變動	經常收支	基軸 通 貨	總 生 産
경 기 변 동	경 상 수 지	기 축 통 화	총 생 산
景 빛 氣 기운 變 변할 動 움직일	經 날 常 항상 收 거둘 支 가를	基 터 軸 굴대 通 통할 貨 재화	總 거느릴 生 날 産 낳을

國 民	所 得	國 際 收支	金 融 仲介
국 민	소 득	국 제 수 지	금 융 중 개
國 나라 民 백성	所 바 得 얻을	國 나라 際 사이	金 쇠 融 화합할

物價指數	名 目 所得	交叉 效 果	機 會 費用
물 가 지 수	명 목 소 득	교 차 효 과	기 회 비 용
物 만물 價 값 指 손가락 數 셀	名 이름 目 눈 所 자리 得 얻을	交 사귈 叉 깍지낄 效 본받을 果 열매	機 틀 會 모일 費 쓸 用 쓸

資本主義	社 會 主義	重 商 主義	新古典派
자 본 주 의	사 회 주 의	중 상 주 의	신 고 전 파
資 재물 本 근본	社 단체 會 모일	重 무거울 商 헤아릴	新 새 古 옛 典 법 派 물갈래

唯物史觀	所得 分 配	剩餘 價 値	代 替 財
유 물 사 관	소 득 분 배	잉 여 가 치	대 체 재
唯 오직 物 만물 史 역사 觀 볼	所 자리 得 얻을 分 나눌 配 아내	價 값 値 값	代 대신 替 쇠퇴 財 재물

黑 字 財政	通 貨 乘數	談 合	資本 集 約
흑 자 재 정	통 화 승 수	담 합	자 본 집 약
黑 검을 字 글자 財 재물 政 정사	通 통할 貨 재화 乘 탈 數 셀	談 말씀 合 합할	資 재물 本 밑 集 모일 約 묶을

財 閥	財 政 學	追 更 豫算	財政 赤 字
재 벌	재 정 학	추 경 예 산	재 정 적 자
財 재물 閥 문벌	重 무거울 商 헤아릴	追 따를 更 고칠	赤 붉을 字 글자

평가영역	학 과	학 번	성 명	점 수
경제학 용어				

※ 漢字는 한글로, 한글은 漢字로 전환하여 빈칸을 채우시오.

漢 字	한 글	한 글	漢 字
1. 景 氣		1. 경 제	
2. 經常收支		2. 소 비	
3. 通 貨		3. 가 격	
4. 金 融		4. 공 급	
5. 名目所得		5. 재 정	
6. 唯物史觀		6. 비 용	
7. 國際收支		7. 자본주의	
8. 剩餘價値		8. 국 제	
9. 古 典 派		9. 적 자	
10. 追更豫算		10. 분 배	

절 취 선

9. 經營學 用語

[讀解資料] 다음의 문장을 읽으면서 밑줄 친 漢字單語 아래에 音을 달아라

題目: 經營學의 意義

現代를 살아가는 우리 人間의 慾求는 실로 다양하다. 이 多樣한 慾求를 일정한
(　　) (　　)
收入으로 充足시키기 위해 인간은 計劃的인 활동을 영위하지 않으면 안 된다. 이러
(　　) (　　)
한 慾求充足을 위한 計劃的인 활동을 우리는 經濟生活 또는 經濟活動이라 일컫는다.
(　　) (　　) (　　)
原始社會의 경우 이러한 경제활동이 모두 자기 혼자의 힘에 의해 이루어지는 이
(　　)
른바 自給自足의 시대였다. 그러나 21世紀를 맞고 있는 오늘의 경제활동은 高度
(　　) (　　) (　　)
로 分化되어 각기 다른 사람에 의해 生産·流通 및 消費되는 交換經濟가 이루어
(　　) (　　)(　　) (　　) (　　)
지게 되었다. 여기서 生産, 消費, 流通의 각 실체를 個別經濟라 하고, 이들 個別
(　　)(　　)(　　) (　　)
經濟들이 한데 어우러져 全體經濟인 國民經濟를 형성하게 된다.
(　　) (　　)

따라서, 우리가 경제생활을 合理的으로 營爲하기 위해서는 한 나라 전체로서의
(　　)
국민경제와 함께 그러한 국민경제의 實質的인 構成單位가 되는 個別經濟에 관해
(　　) (　　) (　　)
서도 자세히 理解하지 않으면 안된다. 즉, 한 나라 전체의 경제를 研究하는 學問
(　　) (　　) (　　)
으로는 오늘날 단순하게 경제학이라고만 불리는 國民經濟學이 發達되고 있는 것
(　　) (　　)
처럼 그러한 국민경제의 構成體가 되는 개별경제, 이를테면 企業, 病院, 敎會,
(　　) (　　)(　　)(　　)

官廳, 商店 등에 대해서도 그것을 專門的으로 연구하는 학문이 필요한 것은 당연하다.
( )( ) ( )
經營學이란 바로 이러한 필요에서 生成된 학문으로 經濟學과 함께 우리들 인간의
( ) ( ) ( )
경제활동이나 경제생활에 관한 學問의 양대 핵을 이루게 된다.

여기서 경제학은 주로 국민경제를 그 硏究對象으로 巨視的인 觀點에서 追究하는
( ) ( )( ) ( )
학문인데 반해, 經營學은 주로 그러한 國民經濟의 構成單位가 되는 個別經濟를 그
( ) ( )( ) ( )
연구대상으로, 微視的인 관점에서 추구하는 學問이라는 점에서 같은 經濟活動이나
( ) ( ) ( )
經濟生活에 관한 學問이면서도 경제학과는 다른 그 나름대로의 特性이 있다.
( ) ( )

그렇지만 經濟學이나 經營學이 어디까지나 인간의 경제활동이나 경제생활에 관한
똑같은 範疇의 학문이라는 뜻에서 이 兩者를 包括해서 흔히 經濟科學이라 일컫는다.
( ) ( )( ) ( )

經濟科學으로서의 경영학은 社會現象으로서의 經營의 經濟的 側面을 그 연구대상
( ) ( )
으로 하고 있다. 즉 경영학이란 경영체내의 經營現象을 持續的으로 觀察하여 어
( ) ( )
떠한 因果法則 내지는 普遍妥當한 原理·原則을 發見하기 위한 학문으로, 그 結果
( ) ( ) ( )( )( ) ( )
를 經營實務의 能率化 내지 合理化를 위해 適用하려는 데서 그 存在意義를 찾아볼
( )( ) ( ) ( ) ( )
수 있을 것이다. 특히 오늘날과 같은 變革의 時代, 無限競爭의 시대에 相對的·
( )( )( ) ( )
絶對的으로 不足한 資源과 技術下에서 國家經濟力을 提高시켜야 하는 우리의 立場
( ) ( )( ) ( )( ) ( )
에서 經營學이 주는 意義는 매우 크다.
( )

企 業	經 營	管 理	公 共 企業
기 업	경 영	관 리	공 공 기 업
企 꾀할 業 업	經 날,세로 營 경영할	管 피리 理 다스릴	公 공변될 共 함께

課 業 管理	從 業 員	企業 倫 理	買收合併
과 업 관 리	종 업 원	기 업 윤 리	매 수 합 병
課 매길 業 업	從 좇을 員 수효	倫 인륜 理 다스릴	買 살 收 거둘 合 합할 竝 아우를

企劃部	中小企業	企業 集中	系列化
기 획 부	중 소 기 업	기 업 집 중	계 열 화
企 꾀할 劃 그을 部 거느릴	企 꾀할 業 업	集 모일 中 가운데	系이을 列 벌일

勞動生産	勞動 委員會	多角化	多國籍 企業
노 동 생 산	노 동 위 원 회	다 각 화	다 국 적 기 업
勞 일할 動 움직일	委 맡길 員 수효 會모일	多 많을 角 뿔 化 될	多 많을 國 나라 籍 서

收益性	不當競爭	命令	方針
수 익 성	부 당 경 쟁	명 령	방 침
收 거둘 益 더할 性 성품	不 아닐 當 당할 競 겨룰 爭 다툴	命 목숨 令 영	方모· 針 바늘

計劃	組織	指揮	統制
계 획	조 직	지 휘	통 제
計 계획 劃 나눌	組 끈 織 짤	指 가리킬 揮 휘두를	統 큰줄기 制 마를

調 整	分 權 化	事業部制	責 任
조 정	분 권 화	사 업 부 제	책 임
調 고를 整 가지런할	分 나눌 權 저울추	部 거느릴 制 마를	責 꾸짖을 任 맡길

失 業 率	下請工場	産業 安 全	狀況理論
실 업 률	하 청 공 장	산 업 안 전	상 황 이 론
失 잃을 業 업 率 헤아릴	下 아래 請 청할	安 편안할 全 온전할	狀 평상 況 하물며

有限責任	意思決定	人間關係	慾求段階
유 한 책 임	의 사 결 정	인 간 관 계	욕 구 단 계
有 있을 限 한계 責 꾸짖을 任 맡길	意 뜻 思 생각할 決 터질 定 정할	關 빗장 係 걸릴	慾 욕심 求 구할 段 구분 階 섬돌

意思疏通	利潤極大	監督者	自我實現
의 사 소 통	이 윤 극 대	감 독 자	자 아 실 현
疏 트일 通 통할	利 날카로울 潤 젖을 極 다할 大 큰	監 볼 督 살펴볼	自 스스로 我 나 實 열매 現 나타날

株式會社	株主總會	理 事 會	有限會社
주 식 회 사	주 주 총 회	이 사 회	유 한 회 사
株 그루 式 법 會 모일 社 단체	株 그루 主 주인 總 거느릴 會 모일	理 다스릴 事 일 會 모일	有 있을 限 한계

合 名 會社	合 資 會社	匿名組合	公開法人
합 명 회 사	합 자 회 사	익 명 조 합	공 개 법 인
合 합할 名 이름	合 합할 資 재물	匿 숨을 名 이름 組 끈 合 합할	公 공변될 開 열 法 법 人 사람

평가영역	학 과	학 번	성 명	점 수
경영학 용어				

※ 漢字는 한글로, 한글은 漢字로 전환하여 빈칸을 채우시오.

漢 字	한 글	한 글	漢 字
1. 經營管理		1. 기 업	
2. 有限責任		2. 윤 리	
3. 自我實現		3. 합 병	
4. 下請工場		4. 계 열 화	
5. 事業部制		5. 다 각 화	
6. 不當競爭		6. 명 령	
7. 統 制		7. 주식회사	
8. 多 國 籍		8. 합 자	
9. 慾求段階		9. 조 합	
10. 意思決定		10. 소 통	

절 취 선

10. 會計學 用語

[讀解資料] 다음의 문장을 읽으면서 밑줄 친 漢字單語 아래에 音을 달아라

題目: 會計의 分類

會計를 分類하는 基準은 一般的으로 會計主體의 性格에 따라 營利會計와 非營利
( ) ( )
會計, 그리고 會計情報의 利用者에 따라 財務會計와 管理會計 및 稅務會計로 분류
( ) ( ) ( ) ( )
된다. 이들의 概括的인 內容을 說明하면 다음과 같다.

營利會計는 利潤追求를 目的으로 하는 個人 또는 組織을 기업이라 하는데, 이와
( )
같이 營利活動을 하는 企業을 대상으로 하는 會計가 營利會計(企業會計)이다. 營利
會計는 商業會計, 運送會計, 倉庫會計, 銀行會計, 鐵道會計, 保險會計, 리스會計,
( ) ( ) ( ) ( ) ( ) ( )
工業會計, 水産會計 등이 있다.
( )( )

非營利會計는 非營利事業이 요구하는 회계이며 消費經濟를 중심으로 하여 消費
( ) ( ) (
額 計算에 重點을 둔다. 따라서 豫算의 執行 및 收入과 支出의 計算이 주가 되며
) ( ) ( )
損益計算을 필요로 하지 않는 회계이다. 非營利會計는 家計會計, 病院會計, 政府會
( ) ( )
計, 學校會計, 組合會計, 協會會計 등이 있다.
( )( )

財務會計(financial accounting)는 會計情報의 外部 利用者(株主, 債權者, 投資者
( )

등)들이 그들의 經濟的 意思決定을 하는 데 필요한 情報提供을 목적으로 하는 회계
( ) ( )
로서 一般目的會計라고도 한다. 즉, 去來의 記錄·分類·要約에 의해 財務狀態
( )( )( ) ( )
와 經營成果를 파악하여 이를 外部에 公表할 目的의 外部報告(external reporting)
의 회계를 말한다.

管理會計(managerial accounting)는 會計情報의 內部 利用者(經營者)들이 그들의
意思決定과 統制活動에 도움이 도는 各種 情報를 蒐集·分類·要約·分析하여 이
( ) ( )
를 이용자에게 보고하는 內部報告 目的의 會計이다. 따라서 管理會計는 모든 기업
( )
에 共通的으로 適用하는 會計基準을 設定하는 財務會計와는 달리 경영자의 필요에
따라 特殊한 管理會計 原則이 세워질 수 있다.
( )

稅務會計(tax accounting)는 租稅負擔의 公平性 原則과 充分性의 原則에 입각하여
( )
규정된 稅法에 따라 각 所得에 대한 정확한 課稅標準과 稅額을 產出하여 주로 경영
( ) ( )
자나 稅務當局에 報告하는 회계이다.
( )
이와 같은 稅務會計는 獨自的인 計算方法에 의해 課稅標準을 산출할 수 있으나,
( )
일반적으로 인정된 企業會計基準에 의해 誘導된 純利益을 根據로 稅法上 소득을
( ) ( )
信賴性 있고 容易하게 把握할 수 있다면 企業會計의 諸節次와 計算過程을 採用하
( ) ( ) ( ) ( )
지 않을 수 없다.

四 五 六	七 八 九	百 千	萬 億
4 5 6	7 8 9	백 천	만 억
四 넉 五 다섯 六 여섯	七 일곱 八 여덟 九 아홉	百 일백 千 일천	萬 일만 億 억

壹 貳	參 拾	貳兆參阡	合 計
일 이	삼 십	이 조 삼 천	합 계
壹 한 貳 두	參 석 拾 열	貳 두 兆 조짐 參 석 阡 두렁	合 합할 計 헤아릴

〈위조방지용 금액 한자 쓰기〉

₩1,234,567,890,000-(금 **일** 조 **이** **천** 삼 백 사 **십** 오 억 육 천 칠 백 팔 십 구 만 원)

金 **壹** 兆 **貳** **阡** 參 百 四 **拾** 五 億 六 阡 七 百 八 拾 九 萬 원

去 來	計 定	會 計	貸 借
거 래	계 정	회 계	대 차
去 갈 來 올	計 헤아릴 定 정할	會 모일 計 헤아릴	貸 빌릴 借 빌

收 入	支 出	殘 額	帳 簿
수 입	지 출	잔 액	장 부
收 거둘 入 들	支 가를 出 날	殘 해칠 額 이마	帳 휘장 簿 장부

次 期	移 越	流動資産	當 座 資産
차 기	이 월	유 동 자 산	당 좌 자 산
次 다음 期 기약할	移 옮길 越 넘을	流 흐를 動움직일 資 재물 産 낳을	當 당할 座 자리

在 庫 資産	現 金	預 金	有價證券
재 고 자 산	현 금	예 금	유 가 증 권
在 있을 庫 창고	現 나타날 金 돈,황금	預 미리 金 돈, 황금	有 있을 價 값 證 증거 券 문서

分介帳	原 帳	傳 票	轉 記
분 개 장	원 장	전 표	전 기
分 나눌 介 끼일	原 근원 帳 휘장	傳 전할 票 불똥튈	轉 구를 記 기록할

決 算	試 算 表	精 算	損 益
결 산	시 산 표	정 산	손 익
決 터질 算 셀	試 시험할 表 밝힐	精 자세할 算 셀	損 덜 益 더할

外上賣出	貸與金	未收金	先給金
외상매출	대여금	미수금	선급금
外 밖 相 서로 賣 팔 出 날	貸 빌릴 與 줄	未 아니 收 거둘	先 먼저 給 공급할

商品	製品	在工品	原材料
상품	제품	재공품	원재료
商 장사 品 물건	製 지을 品 물건	在 있을 工 장인	原 근원 材 재목 料 헤아릴

固定資産	投資 資産	有形 資産	移延 資産
고 정 자 산	투 자 자 산	유 형 자 산	이 연 자 산
固 굳을 定 정할	投 던질 資 재물	有 있을 形 모형	移 옮길 延 끌

領收證	賣出債權	傳貰 權	給與
영 수 증	매 출 채 권	전 세 권	급 여
領 옷깃 收 거둘 證 증거	賣 팔 出 날 債 빚 券 문서	傳 전할 貰 세낼 權 저울추	給 넉넉할 與 줄

充當金	備品	營業權	創業費
충 당 금	비 품	영 업 권	창 업 비
充 찰 當 당할	備 갖출 品 물건	營 경영할 業 일	創 비롯할 業 일 費 쓸, 비용

營業開始	社債	債務	未支給
영 업 개 시	사 채	채 무	미 지 급
開 열 始 처음	社 단체 債 빚	債 빚 務 일	未 아니 支 가를 給 공급할

借入金	賣出原價	賃借料	減價償却
차 입 금	매 출 원 가	임 차 료	감 가 상 각
借 빌　入 들	賣 팔　出 날 原 근원　價 값	賃 품팔이　借 빌 料 헤아릴	減 덜　價 값 償 갚을　却 물리칠

寄附金	外換	差損	稅務會計
기 부 금	외 환	차 손	세 무 회 계
寄 붙일　附 기댈	外 밖　換 바꿀	差 어긋날　損 덜	稅 징수할　務 일 會 모일　計 헤아릴

所得稅	法人稅	相續稅	贈與稅
소 득 세	법 인 세	상 속 세	증 여 세
所 자리 得 얻을	法 법 人 사람	相 서로 續 이을	贈 보낼 與 줄
附加價値稅	取得稅	免許稅	登錄稅
부 가 가 치 세	취 득 세	면 허 세	등 록 세
附 붙을 加 더할 價 값 値 값	取 취할 得 얻을	免 면할 許 허락할	登 오를 錄 기록할

住民稅	加算稅	累進稅	非課稅
주 민 세	가 산 세	누 진 세	비 과 세
住 살 民 백성	加 더할 算 셀	累 포갤 進 나아갈	非 아닐 課 매길

綜合所得	稅務調整	納稅者	所得控除
종 합 소 득	세 무 조 정	납 세 자	소 득 공 제
綜 모을 合 합할	調 고를 整 가지런할	納 바칠 者 사람	控 당길 除 섬돌

평가영역	학 과	학 번	성 명	점 수
회 계 학				

※ 漢字는 한글로, 한글은 漢字로 전환하여 빈칸을 채우시오.

漢 字	한 글	한 글	漢 字
1. 參 拾		1. 지 출	
2. 當 座		2. 거 래	
3. 納 稅 者		3. 회 계	
4. 有價證券		4. 수 입	
5. 試 算 表		5. 현 금	
6. 外上賣出		6. 결 산	
7. 固定資産		7. 상 품	
8. 所得控除		8. 손 익	
9. 減價償却		9. 세 무	
10. 相 續 稅		10. 부가가치	

절 취 선

11. 마케팅 用語

[讀解資料] 다음의 문장을 읽으면서 밑줄 친 漢字單語 아래에 음을 달아라.

題目 : 마케팅의 重要性

企業의 經營에서는 물론, 現代 社會 全般에 걸쳐 마케팅의 重要性은 至大하다.
( ) ( )

世界的으로 每年 수십조 달러에 이르는 製品과 서비스가 生産되는데 이 중 상당부
( )

분이 商品開發, 包裝, 流通, 廣告, 人的販賣 등의 마케팅 費用으로 쓰여진다. 따라
(, , , ,)

서 企業의 立場에서는 이 같은 활동들을 效果的이고 效率的으로 遂行하느냐의 여
( ) ( ) ( )

부에 따라 市場에서의 成敗가 左右된다.
( )

우리 나라의 경우 數百萬에 달하는 人口가 都・小賣業, 物流, 放送, 通信産業, 其他
( )( )( )

서비스 産業 등 마케팅과 直接的인 관련이 있는 職業에 從事하고 있다. 또한 廣告代
(

行業이나 市場調査業처럼 直接的으로 마케팅 활동과 관련된 産業에 從事하는 人口만
) ( )

도 상당수에 이르며, 廣告費의 경우 1997년 基準으로 총 5조3천7백69억원에 이르고 있
( )

다. 따라서 마케팅은 國民經濟的 次元에서 보더라도 상당한 比重을 차지하고 있으며,
( )

그 雇傭創出 效果도 매우 큰 分野이다.
( )

마케팅은 사람들의 生活方式이나 思考方式에도 큰 影響을 미친다. 마케팅은 종종
( )

物質主義를 助長한다거나, 流行이나 상품의 陳腐化를 故意的으로 促進하며, 상품의
(　　　　)　　　　　　　　　　　　　　(　　　) (　　　　)

表皮的인 差別化를 통해 資源의 浪費를 招來한다는 批判을 받기도 한다. 그러나 基
(　　　) (　　　)　　　　　　　　　　(　　)　(　　)

本的으로 마케팅은 消費者들의 慾求를 反映하여 상품을 만들고, 그들이 支拂할 수
(　　)

있는 價格에 그 상품을 提供하려는 努力이라고 할 수 있다. 마케팅을 批判的으로
(　　)　　　　　　　　　　　　　　　(　　　)

바라보는 視覺을 가진 사람들이 主張하는 마케팅의 '浪費的인' 要素는 單純한 批判
(　　)　　　　　　　　　　　　(　　　)

을 통해서 사라질 수 있는 것이 아니며, 低廉한 價格에 基本的인 機能들만을 갖춘

상품을 販賣하는 企業들이 市場에 進入하여 消費者들에게 餘他의 商品보다 더 많
(　　)

은 價値를 提供함으로써 消費者들의 呼應을 얻을 수 있을 때에만 根本的으로 解消
(　　)　　　　　　　　　　　　(　　)

될 可能性이 생긴다.

마케팅은 實際로 消費者들의 生活의 質을 높여주는 役割을 遂行한다. 예컨대 기업의 마케팅 擔當者들은 移動電話나 自動入出金 서비스 등의 새로운 제품이나 서
(　　　)

비스를 消費者들이 받아들여 생활의 질을 높일 수 있도록 도와주기도 하며 지나친

飮酒나 吸煙에 대한 警告文句, 에너지 節約에 관한 메시지 등을 만들어 公益性 캠
(　　) (　　)　(　　　　)　　　　　　　　　　　　　(　　　)

페인을 벌이기도 한다.

顧 客	滿 足	購 買	販 賣
고 객	만 족	구 매	판 매
顧 돌아볼 客 손	滿 찰 足 발	購 살 買 살	販 팔 賣 팔

消費財	廣 告	商 標	目標市場
소 비 재	광 고	상 표	목 표 시 장
耐 견딜 久 오랠 財 재물	廣 넓을 告 알릴	商 헤아릴 標 우듬지	目 눈 標 우듬지 市 저자 場 마당

割 引	訪 問 販賣	忠 誠 度	物的流通
할 인	방 문 판 매	충 성 도	물 적 유 통
割 나눌 引 끌	訪 찾을 問 물을	忠 충성 誠 정성 度 법	物 만물 的 과녁 流 흐를 通 통할

導 入 期	成 長 期	成 熟 期	衰 退 期
도 입 기	성 장 기	성 숙 기	쇠 퇴 기
導 이끌 入 들 期 기약할	成 이룰 長 길 期 기약할	成 이룰 熟 익숙 期 기약할	衰 쇠할 退 물러날

低價戰略	集中化	差別化	多角化
저 가 전 략	집 중 화	차 별 화	다 각 화
低 밑 價 값 戰 싸울 略 다스릴	集 모일 中 가운데 化 될	差 어긋날 別 나눌	多 많을 角 뿔

販賣促進	見本	商圈	占有率
판 매 촉 진	견 본	상 권	점 유 율
促 재촉 進 나아갈	見 볼 本 근본	商 장사 圈 우리	占 차지 有 있을 率 헤아릴

見本 賣 買	競 爭	季 節 割引	端數價格
견 본 매 매	경 쟁	계 절 할 인	단 수 가 격
見 볼 本 근본 賣 팔 買 살	競 겨룰 爭 다툴	季 끝 節 마디 割 나눌 引 끌	端 바를 數 셀

正 札 價格	認 知 價格	準 據 價格	誘 引 價格
정 찰 가 격	인 지 가 격	준 거 가 격	유 인 가 격
正 바를 札 패	認 알 知 알	準 기준 據 준거할	誘 유혹할 引 끌

평가영역	학 과	학 번	성 명	점 수
마 케 팅				

※ 漢字는 한글로, 한글은 漢字로 전환하여 빈칸을 채우시오.

漢 字	한 글	한 글	漢 字
1. 撤收戰略		1. 도 입 기	
2. 準據集團		2. 공중관계	
3. 誘引價格		3. 광 고	
4. 技術提携		4. 구매결정	
5. 要 塞 化		5. 목표시장	
6. 認知價格		6. 성 장 기	
7. 强化理論		7. 소 비 자	
8. 競爭優位		8. 정 찰 가	
9. 割引販賣		9. 점 유 율	
10. 情報統制		10. 집 중 화	
11. 探索品質		11. 촉 진	
12. 製品系列		12. 상 표	
13. 移動障壁		13. 계 절	
14. 著 作 權		14. 성 숙 기	
15. 潛在需要		15. 충 동	

절

취

선

12. 生産管理 用語

[讀解資料] 다음의 문장을 읽으면서 漢字單語 아래에 音을 달아라.

題目: 品質經營의 時代

世界가 激變期에 들어서고 있고 企業間의 競爭은 深化되어 가고 있다. 企業은
( ) ( )
20世紀初부터 製品의 質을 높이고자 하는 努力을 기울여 왔는데 初期에는 品質管
( ) (
理(QC)技法이 주로 사용되었다. 이 品質管理가 70년대 들어와 서 綜合的 品質管理
) ( )
로 發展되더니 80年代부터는 經營者의 參與를 重要시하 는 品質經營으로 바뀌었고
( )
90年代부터는 顧客滿足을 위한 綜合的 品質經營 (TQM)으로 擴散되었다.
( ) ( )

고객만족을 위해서는 製品의 質뿐만 아니라 供給時間이나 價格競爭을 위하여 좀 더
( ) ( )
生産性이 높은 시스템이 要求되고 제품과 서비스들도 顧客을 滿足시킬 수 있어야
( ) ( ) ( ) ( )
한다. 이에 따라 TQM 專門家들은 여러 가지 技法을 만들고 傳播하여 왔다. 이 技法은
( ) ( ) ( )
顧客爲主, 全社的 參與, 持續的 改善 및 適用의 多樣性이라는 槪念들을 包含하여 왔다.
( ) ( ) ( ) ( ) ( )

綜合的 品質經營은 會社의 品質을 높이려는 試圖를 統計와 品質管理의 次元에서
( ) ( ) ( )
많이 變貌하게 하였다. 오늘날의 綜合的 品質經營(TQM)은 이제는 會社의 製品/
( )
서비스 開發에서 引渡 및 애프터서비스까지의 모든 部署의 모든 機能을 다루게 되었
( ) ( )

다. 예전의 狹義의 品質인 프로세스나 서비스의 缺陷이라는 觀點에서부터 發展하여
( )

經營面의 TQM의 重要性이 附加되고 있다. 따라서 品質經營은 品質 擔當部署의
( ) ( ) ( )

局地的인 努力과 그에 따른 成果의 導出이라는 觀點에서 發展하여 이제는 모든 경영
( ) ( )

의 指標가 되었다. 특히 美國은 品質經營을 잘 하는 것이 經營을 잘 하는 것이라는
( )

생각으로까지 發展하여 말콤발드리지賞의 基準이 이에 따라 變하고 있다.

品質經營 能力을 評價하는 것이 初期에는 工場의 管理에 焦點을 두었다가 顧客滿足
( ) ( ) ( ) ( )

觀點으로 변하더니 이제는 品質經營을 잘 하면 優秀한 成果를 達成한다는 概念으로

변하여 이에 따라 審査를 하고 있다.
( )

이러한 變化에도 불구하고 우리 나라는 아직도 品質管理, 顧客滿足의 次元에 머물
( ) ( )

러 있고, 심지어는 品質經營과 經營成果를 올리려는 技法은 별개의 것이고 品質經營

은 奢侈라고 생각하는 企業도 있는 實情이다. 이는 現在 대개의 品質經營 敎育이
( ) ( )

統計 및 品質管理에 重點을 두고 있기 때문이며, 이에 따른 著書들도 品質管理 爲主

에 다른 技法을 약간 紹介하는 정도에 그쳤기 때문이 아닌가 한다.
( )

現在 品質經營의 世界的 趨勢는 問題解決時 데이터에 根據하여야 한다는 과거의
( )

品質管理 槪念을 바탕으로 組織 및 社員의 行動까지 그 範疇에 包含하고 있으며, 또
( ) ( )

製品과 서비스의 디자인과 이를 顧客에게 전해주는 方法과 심지어 마케팅의 持續的
( ) ( )

인 改善에 관한 範圍까지 包含하고 있다.
( )

生産管理	生産 能 力	生産 統 制	季節 變 動
생 산 관 리	생 산 능 력	생 산 통 제	계 절 변 동
管 대롱 理 다스릴 者 사람	生 날 産 낳을 能 능할 力 힘	統 근본 制 금할	季 끝 節 마디 變 변할 動 움직일

設 備	配 置	保 全 性	官能檢査
설 비	배 치	보 전 성	관 능 검 사
設 진열,설비 備 갖출	配 아내 置 둘	保 지킬 全 온전할	官 벼슬 能 능할 檢 봉할 査 조사할

立地分析	時系列	日程計劃	信賴度
입 지 분 석	시 계 열	일 정 계 획	신 뢰 도
立 설 地 땅 分 나눌 析 가를	時 때 系 이을 列 벌일	日 해 程 단위	信 믿을 賴 힘입을 度 법도

不良品	多品種	少量生産	數量割引
불 량 품	다 품 종	소 량 생 산	수 량 할 인
不 아니 良 좋을 品 물건	多 많을 品 물건 種 종류	少 적을 量 헤아릴	割 나눌 引 인도할

作業標準	人的要因	安全在庫	在庫模型
작 업 표 준	인 적 요 인	안 전 재 고	재 고 모 형
標 나무끝 準 평평할	人 사람 的 과녁 要 구할 因 인할	安 편안할 全 온전할 在 있을 庫 곳집	模 법 型 거푸집

在庫不足	在庫統制	在庫維持	注文量
재 고 부 족	재 고 통 제	재 고 유 지	주 문 량
不 아니 足 발 費 쓸	統 근본 制 마를	維 밧줄 持 가질	注 물댈 文 무늬 量 헤아릴

總 括 生産	專門化	單 純 化	最適 操 業
총 괄 생 산	전 문 화	단 순 화	최 적 조 업
總 거느릴 括 묶을	專 오로지 門 문	單 홑 純 순수할	操 잡을 業 일

指 標	標 準 時間	餘 裕 時間	移動組立
지 표	표 준 시 간	여 유 시 간	이 동 조 립
指 손가락 標 끝	時 때 間 사이	餘 남을 裕 넉넉할	組 끈 立 설

價值工學	品質保證	品質標準	學習曲線
가 치 공 학	품 질 보 증	품 질 표 준	학 습 곡 선
價 값　值 값	保 지킬　證 증거	品 물건　質 바탕	學 배울　習 익힐 曲 굽을　線 줄

柔軟性	耐久性	能率性	有效性
유 연 성	내 구 성	능 률 성	유 효 성
柔 부드러울 性 성품	耐 견딜　久 오래	能 능할　率 헤아릴	有 있을　效 본받을

自動化	集中化	最適化	尖端技術
자 동 화	집 중 화	최 적 화	첨 단 기 술
自 스스로 動 움직일	集 모일 中 가운데	最 가장 適 갈	尖 뾰족할 端 바를

資材明細	作業經路	職務擴大	職務充實
자 재 명 세	작 업 경 로	직 무 확 대	직 무 충 실
明 밝을 細 가늘	作 지을 業 일 經 날 路 길	職 벼슬 務 일	充 가득찰 實 열매

適 時 生産	稼 動 時間	設備 更 新	壽命週期
적 시 생 산	가 동 시 간	설 비 갱 신	수 명 주 기
適 따를 時 때	稼 심을 動 움직일	更 다시 新 새	週 돌 期 기약할

事 務 自動	大 量 生産	工程圖表	工程 均 衡
사 무 자 동	대 량 생 산	공 정 도 표	공 정 균 형
事 일 務 일 自 스스로 動 움직일	生 날 産 낳을	圖 그림 表 겉	均 고를 衡 저울

隘 路 工程	課 業 管理	科學的 管理	機能別 配置
애 로 공 정	과 업 관 리	과 학 적 관 리	기 능 별 배 치
隘 좁을　路 길	課 매길　業 업	科 과정　學 배울 的 과녁	機기계　能 능할 別 다를

技術 革 新	特 許 權	實用新案	商 標 登錄
기 술 혁 신	특 허 권	실 용 신 안	상 표 등 록
革가죽　新 새	特 수컷　許허락할	實 열매　用 쓸 新 새　案 책상	商 장사　標 끝 登 오를　錄 기록할

평가영역	학 과	학 번	성 명	점 수
생산・운영관리				

※ 漢字는 한글로, 한글은 漢字로 전환하여 빈칸을 채우시오.

漢 字	한 글	한 글	漢 字
1. 資材明細		1. 생산관리	
2. 職務充實		2. 통 제	
3. 柔 軟 性		3. 배 치	
4. 移動組立		4. 다 품 종	
5. 數量割引		5. 안전재고	
6. 信 賴 度		6. 불 량 품	
7. 日程計劃		7. 표 준	
8. 官能檢査		8. 단 순 화	
9. 保 全 性		9. 품 질	
10. 少量生産		10. 기 술	

절 취 선

13. 人的資源管理 用語

[讀解資料] 다음의 문장을 읽으면서 밑줄 친 漢字單語 아래에 音을 달아라

題目: 人的資源管理의 意義

企業은 資金과 機械·原料 등의 生産要素를 통하여 價値를 創造하며 인간의 協同行爲에 의해서 成果는 左右된다. 따라서 기업의 成敗는 人的資源관리에 달려 있다해도 過言이 아니다.

人的資源管理(human resource management)란 組織내 人的資源의 潛在的 能力을 최대한 發揮시켜 이를 기업의 經營活動에 보다 效率的으로 활용함으로써 조직의 目標를 達成함과 동시에 構成員들의 個性尊重과 能力開發, 그리고 이들의 人間的 滿足을 實現시키는 管理過程으로 定義할 수 있다. 즉 우수한 人的資源의 確保와 配置, 이들의 능력 개발과 活用, 評價와 報償 등을 통하여 개인의 發展과 기업의 成長을 追求하는 綜合的 管理活動이다.

현대 경영학에서 經營管理(management)는 人間(man)을 다스리는 過程 또는 人的資源을 통하여 經營活動의 諸般 機能을 效率的으로 遂行하는 過程으로도 理解되고 있다. 이는 인적자원관리가 기업의 規模나 形態에 관계없이 기업을 維持·發展시키는 基本的 管理活動이기 때문이다. 經營管理는 라인(line)機能(購買, 生産, 販賣 등)과 스탭(staff)機能(人事,

組織, 經理 등)으로 區分할 수 있는데, 人事機能(personnel function)은 人的資源의 관리라는 側面에서 여타의 관리기능과 다르다. 더욱이 인적자원의 屬性은 매우 複雜하고 多樣하며 異質的이기 때문에 이를 效率的으로 관리하기 위해서는 뛰어난 判斷能力, 調整能力, 統合能力 등이 다른 기능보다도 많이 要求된다. 또한 인적자원관리는 인적자원이 실제적으로 기업의 경영관리를 計劃하고 推進한다는 점에서 그 重要性이 매우 크다. 物的資源이 풍부한 기업이라 할지라도 이들 자원을 실제로 確保·活用할 인적자원이 없거나 인적자원의 관리능력이 缺如되어 있다면 기업의 目的達成은 물론 存續마저도 威脅받을 수 있기 때문이다.

人的資源管理의 定義와 特性에 비추어 볼 때 人的資源管理論은 인적자원을 효율적으로 관리하기 위한 理論과 戰略을 研究하는 學問分野로서 인적자원의 募集·選拔·配置·開發·活用·報償·維持 등과 관련된 主題들을 研究對象으로 하고 있다. 이러한 인적자원관리론은 勞務管理論과 內容的으로 같기 때문에 同義語로도 사용되며, 生産管理論, 마케팅管理論, 財務管理論 등과 함께 經營管理論의 한 分野이다.

人的資源	職務滿足	經營 參 加	個 別 職務
인 적 자 원	직 무 만 족	경 영 참 가	개 별 직 무
資 재물　源 근원	感 느낄　受 받을 性 성품　訓 가르칠	參 간여할　加 더할	個 낱　別 나눌 職 벼슬　務 일

强制 割 當	缺乏 慾 求	經歷開發	强制退職
강 제 할 당	결 핍 욕 구	경 력 개 발	강 제 퇴 직
割 나눌　當 당할	缺 이지러질 乏 가난할 慾 욕심　求 구할	經 날　歷 지낼 開 열　發 필	强 굳셀　制 금할 退 물러날　職 벼슬

雇傭 保險	苦衷 處理	關係 慾求	交代 勤務
고 용 보 험	고 충 처 리	관 계 욕 구	교 대 근 무
雇 고용할 傭 품팔이 保 지킬 險 험준할	苦 쓸 衷 속마음 處 살 理 다스릴	關 빗장 係 걸릴	交 사귈 代 대신할 勤 부지런할 務 일

交涉能力	勤務評定	期待 理論	勞動 爭議
교 섭 능 력	근 무 평 정	기 대 이 론	노 동 쟁 의
交 사귈 涉 건널 能 능할 力 힘	評 평론할 定 정할	期 기약할 待 기다릴 理 다스릴 論 말할	勞 일할 動 움직일 爭 다툴 議 의논할

勞務 管理	勞使協議	勞動組合	成熟理論
노 무 관 리	노 사 협 의	노 동 조 합	성 숙 이 론
勞 일할 務 일	勞 일할 使 시킬 協 화합할 議 의논할	勞일할 動 움직일 組 끈 合 합할	成 이룰 熟 익힐

勤勞者	成果給	福祉厚生	士氣 調査
근 로 자	성 과 급	복 지 후 생	사 기 조 사
勤 부지런할 勞 일할	成이룰 果 성과 給 넉넉할	福 복 祉 복 厚 두터울 生 날	士 선비 氣 기운 調 고를 査 조사할

産業心理	賞與給	生計費	成就動機
산 업 심 리	상 여 급	생 계 비	성 취 동 기
心 마음 理 다스릴	賞 상줄 與 줄 給 넉넉할	生 날 計 꾀	成 이룰 就 이룰 動 움직일 機 기계

慾求 段階	所屬 慾求	自我 實現	人事考課
욕 구 단 계	소 속 욕 구	자 아 실 현	인 사 고 과
段 구분 階 섬돌	所 바 屬 이을 慾 욕심 求 구할	自 스스로 我 나 實 열매 現 나타날	考 살필 課 매길

人事 移 動	解 雇	衛生要因	賃金後拂
인 사 이 동	해 고	위 생 요 인	임 금 후 불
人 사람 事 일 移 옮길 動 움직일	解 풀 雇 품살	衛 지킬 生 날 要 구할 因 인할	賃 품팔이 金 쇠 後 뒤 拂 떨

停 年	醫療保險	奬 勵 給	在 宅 勤務
정 년	의 료 보 험	장 려 급	재 택 근 무
停 머무를 年 해	醫 의원 療 병 고칠 保 지킬 險 험할	奬 권면할 勵 힘 쓸	在 있을 宅 집 勤 부지런할 務 일

災害强度	爭議行爲	怠業	職務滿足
재 해 강 도	쟁 의 행 위	태 업	직 무 만 족
災 배앙 害 해칠 强 굳셀 度 법도	爭 다툴 議 의논할 行 갈 爲 할	怠 게으를 業 일	職 벼슬 務 일 滿 찰 足 발

職務 充實	黃犬契約	懲戒	通常賃金
직 무 충 실	황 견 계 약	징 계	통 상 임 금
充 찰 實 열매	黃 누를 犬 개 契 맺을 約 묶을	懲 혼날 戒 징계할	通 통할 常 항상 賃 품팔이 金 쇠

평가영역	학 과	학 번	성 명	점 수
인적자원관리				

※ 漢字는 한글로, 한글은 漢字로 전환하여 빈칸을 채우시오.

漢 字	한 글	한 글	漢 字
1. 缺 乏		1. 직 무	
2. 感 受 性		2. 재 해	
3. 雇 傭		3. 태 업	
4. 勤務評定		4. 채 용	
5. 勞動爭議		5. 자아실현	
6. 交 涉		6. 임 금	
7. 士 氣		7. 인 사	
8. 勞使協議		8. 생 계 비	
9. 福祉厚生		9. 역 할	
10. 動 機		10. 성 과 급	

절 취 선

14. 財務管理 用語

[讀解資料] 다음의 문장을 읽으면서 밑줄 친 漢字單語 아래에 음을 달아라.

題目: 財務管理의 意義

기업은 여러 形態의 部門活動과 管理活動을 통하여 成長·發展하는데, 이러한 활
( )( )

동을 企業活動(business activity)이라고 부른다. 部門活動은 特定部門의 個別活動
( ) ( )

이나 여러 부분이 相互 關聯되는 활동을 計劃·調整·統制하는 활동을 意味한다.
( ) ( )( )( )

따라서 企業目標를 效果的으로 達成하기 위하여 財務活動을 計劃·調整·統制하는
( )

관리활동을 財務管理(financial management)라고 定義할 수 있다. 財務活動(financial
( )

activity)은 資金調達活動과 投資活動으로 區分된다. 그러나 財務活動의 槪念은 時代
( ) ( )

的 環境變化에 따라 發展的으로 認識되어 왔다. 예를 들어 1950년대 以前의 傳統
( )

的 財務管理에서는 특히 資金調達活動이 强調되었던 반면에, 1950년대 以後의 現代
( )

財務管理에서는 投資活動이 强調되었다.
( ) ( )

1950년대 이전에는 企業의 관심이 공업화의 급속한 進展과 함께 企業設立이나

規模擴張에 필요한 資金을 效果的으로 調達하는 일이었기 때문에 資金調達決定
( )

(financing decision)이 財務管理의 中心的인 硏究對象으로 擡頭되었던 관계로 傳統
( ) ( )

的 財務管理(traditional financial management)에서는 기업활동에서 要求되는 資金을 調達하고, 조달된 자금의 運營을 단순히 執行( )하는 활동만을 財務活動으로 定義하였었다.

그러나 1950년대 以後에는 기업의 주요한 관심이 資本市場( )의 發展 및 急速한 技術革新( )과 함께 企業間의 競爭이 激化됨에 따라 效果的인 資金運營( )을 통하여 成長을 實現하는 일이었기 때문에 이러한 企業環境의 변화에 따라 재무관리의 연구대상도 자금조달결정은 물론 조달된 자금을 效果的으로 運用하는 投資決定( )(investment decision)문제에까지 그 領域이 擴大되기에 이르렀던 관계로 現代財務管理(modern financial management)에서는 實物資産( )에 대한 投資活動( )과 投資所要資金( )의 조달활동을 財務活動으로 定義하고 있다.

金融 資産	投資	期待 收益	企業 公開
금 융 자 산	투 자	기 대 수 익	기 업 공 개
融 화할 産 낳을	投 던질 資 재물	期 기약할 待 기다릴 收 거둘 益 더할	企 꾀할 業 업 公 공변될 開 열

內部 去來	收益率	優先株	擔保 金融
내 부 거 래	수 익 률	우 선 주	담 보 금 융
內 안 部 거느릴	收 거둘 益 더할	累 묶을 積 쌓을 優 넉넉할 株 그루	擔 짊어질 保 지킬

社 債	對 替 投資	配 當 率	無記名株
사 채 mortgage bond	대 체 투 자	배 당 률	무 기 명 주
社 토지의 신 債 빚	對 대답할 替 바꿀	配 아내 當 당할 率 비율	無 없을 記 기록할 名 이름

無 擔 保	額 面 株	證 券	去 來 所
무 담 보	액 면 주	증 권	거 래 소
擔 멜 保 지킬	額 이마 面 낯(얼굴)	證 증거 券 문서	去 갈 來 올 所 자리

分散投資	不良口座	償還社債	先物利子
분 산 투 자	불 량 구 좌	상 환 사 채	선 물 이 자
分 나눌 散 흩을	不 아닐 良 좋을 座 자리	償 갚을 還 돌아올	物 만물 利 날카로울

少額株主	水平的合竝	市場危險	信用限度
소 액 주 주	수 평 적 합 병	시 장 위 험	신 용 한 도
少 적을 主 주인	平 평평할 倂 아우를	市 저자 場 마당 危 위태할 險 험할	信 믿을 限 한계

信託基金	優先 社債	留保 利益	場外 市場
신 탁 기 금	우 선 사 채	유 보 이 익	장 외 시 장
信 믿을 託 부탁할 基 터	優 넉넉할 先 먼저	留 머무를 保 지킬	場 마당 外 밖

先物去來	投機資本	財務危險	株價 收益
선 물 거 래	투 기 자 본	재 무 위 험	주 가 수 익
先 먼저 物 만물	投 던질 機 기계 資 재물 本 근본	危 위태할 險 험할	株 그루 價 값

평가영역	학 과	학 번	성 명	점 수
재 무 관 리				

※ 漢字는 한글로, 한글은 漢字로 전환하여 빈칸을 채우시오.

漢 字	한 글	한 글	漢 字
1. 金 融		1. 증 권	
2. 機關投資		2. 선물시장	
3. 優 先 株		3. 대 출	
4. 投 資 案		4. 재 무	
5. 無額面株		5. 액 면 가	
6. 配 當		6. 민 감 도	
7. 分散投資		7. 기 금	
8. 危 險		8. 무 기 명	
9. 信用限度		9. 한 계	
10. 口 座		10. 주 가	

절 취 선

15. 貿易學 用語

[讀解資料] 다음의 문장을 읽으면서 밑줄 친 漢字單語 아래에 음을 달아라.

題目: 國際貿易과 經濟發展

第2次 世界大戰 이후 世界經濟에 나타난 가장 중요한 變化 중의 하나는 舊植民
( ) (

地體制의 崩壞와 함께 많은 植民地國家들이 政治的 獨立을 獲得하였다는 사실이다.
) ( ) ( ) ( )

低開發國 또는 開發途上國이라 불리우는 이들 新生獨立國들은 정치적 독립과 함께
( ) ( ) ( )

經濟的 自立을 達成하려고 많은 노력을 기울여 왔다.

이와 때를 같이하여 1950年代 以來 近代經濟學 내부에 經濟發展論이라는 새로운
( )

분야가 나타났다. 그 理論의 기본적인 내용은 低開發國의 貧困의 原因은 무엇이
( )

며, 어떻게 하면 빈곤으로부터 벗어날 수 있는가 하는 것이다. 즉, 低開發의 원인

과 對策이 經濟發展論의 주요 課題이다. 그러나 여기에 대해서는 學者들간에 論爭
( )

이 많으며, 그러한 이슈들 중의 하나가 經濟發展과 國際貿易과의 관계에 관한 것이다.
( )

經濟發展과 國際貿易에 관한 基本的인 主題는 대체로 다음의 두 가지로 區分된다.
( )

I) 1次產品의 貿易을 통한 발전이 바람직한가 아니면 工業化를 통한 발전이 바람직한가

ii) 工業化가 바람직한 경우 어떠한 形態의 공업화가 바람직한가 하는 것이다.

前者는 工業化 自體에 대한 論議이며, 後者는 工業化 戰略에 관한 論議이다.
( )

그 중 특히 i) 의 工業化 自體에 대한 論議는 오늘날에 있어서 國際貿易이 低開發國의 經濟發展에 肯定的인 영향을 미치는가 하는 문제이다. 즉, 저개발국이 比較優位를 가진 1차산품에 特化를 할 때 經濟發展이 促進될 수 있을까 하는 것이다.
( ) ( ) ( ) ( )

만약 一次産品 貿易이 오늘날에도 여전히 發展을 促進시킨다면 低開發國의 工業化는 不必要하게 된다.

반면에 一次産品 貿易이 經濟發展을 촉진시키지 못한다면 工業化의 必要性이 要求된다. 이러한 意味에서 i)의 論議는 ii)의 工業化 戰略과 깊은 관련이 있고 低開發國의 發展戰略 全體를 左右하게 된다.
( ) ( ) ( )

貿 易	輸 出 入	信 用 狀	海上保險
무 역	수 출 입	신 용 장	해 상 보 험
貿 바꿀 易 바꿀	輸 나를 出 날 入 들	信 믿을 用 쓸 狀 문서	海 바다 保 지킬 險 위태로울

共同海損	商事仲裁	開設銀行	通 知 銀行
공 동 해 손	상 사 중 재	개 설 은 행	통 지 은 행
海 바다 損 덜	仲 버금 裁 마를	開 열 設 베풀	通 통할 知 일

確認銀行	買入銀行	支給銀行	引受銀行
확 인 은 행	매 입 은 행	지 급 은 행	인 수 은 행
確 굳을 認 알	買 살 入 들	支 가를 給 넉넉할	引 끌 受 받을

決濟銀行	換危險	本船收取	輸出免狀
결 제 은 행	환 위 험	본 선 수 취	수 출 면 장
決 터질 濟 건널	換 바꿀 危 위태할 險 험할	收 거둘 取 취할	免 면할 狀 형상

分割船積	商業送狀	公 用 送狀	稅 關 送狀
분 할 선 적	상 업 송 장	공 용 송 장	세 관 송 장
船 배 積 쌓을	送 보낼 狀 형상	公 공변될 用 쓸	稅 징수할 關 빗장

領 事 送狀	船貨證券	船 積 通知	緊急關稅
영 사 송 장	선 화 증 권	선 적 통 지	긴 급 관 세
領 옷깃 事 사무	船 배 貨 재	船 배 積 쌓을	緊 굳게 얽을 急 급할

財政 關稅	保護 關稅	報復 關稅	特惠 關稅
재 정 관 세	보 호 관 세	보 복 관 세	특 혜 관 세
財 재물 政 정사	保 지킬 護 보호할	報 갚을 復 돌아올	特 수컷 惠 은혜

協定 關稅	保護 關稅	關稅 還給	通商外交
협 정 관 세	보 호 관 세	관 세 환 급	통 상 외 교
協 맞을 定 정할	關 빗장 稅 세	還 돌아올 給 넉넉할	通 통할 商 장사

평가영역	학 과	학 번	성 명	점 수
무 역 학				

※ 漢字는 한글로, 한글은 漢字로 전환하여 빈칸을 채우시오.

漢 字	한 글	한 글	漢 字
1. 間 接		1. 전 손	
2. 共同海損		2. 담 보	
3. 求償貿易		3. 신 용 장	
4. 國際分業		4. 관 세	
5. 緊 急		5. 통상외교	
6. 開 設		6. 절 차	
7. 通 知		7. 협 정	
8. 確 認		8. 지 급	
9. 保 護		9. 송 장	
10. 本船引渡		10. 수 출	

절 취 선

16. 經營情報 用語

[讀解資料] 다음의 문장을 읽으면서 밑줄 친 漢字單語 아래에 音을 달아라.

題目: 情報管理學의 發展

情報部門에 대한 企業의 관심은 情報시스템의 開發 및 管理다. 이러한 主題를
(　　　　)

중심적으로 研究하는 分野를 情報시스템(Information System) 또는 經營情報시스템
(　　)　　　　　　　　　　(　　　　)

(Management Information System : MIS)이라고 부른다.

이 經營情報시스템 分野에서는 情報를 效果的으로 使用하기 위한 시스템 開發과
(　　　)

運營을 주로 다룬다. 그러나 最近에는 經營情報시스템은 情報를 創出하고 利用하
(　　)　　　　(　　)

고 또 管理하는 데 사용되는 手段이므로, 이때까지의 研究가 어떤 目標의 手段에
(　　)

너무 치우쳤다는 指摘을 받고 있다.
(　　)

情報에 대한 最近의 새로운 視覺은 정보시스템 그 自體보다는 情報를 資源化하
(　　)　　　　(　　)

려는 努力을 더 要求하게 만들었다. 이에 情報資源管理(Informat.ion Resource
(　　)　　　　(　　　　　)

Management)라는 概念이 새롭게 登場하였다. 이러한 概念을 가장 먼저 採擇한
(　　)　　　　(　　)

곳은 美國 行政府였다. 1980년 美國議會는 文書作業 縮小法令을 採擇하였다. 이
(　　　　　　　)

法令의 目的은 行政機關의 컴퓨터 購入에 따른 混沌과 文書作業의 폭주에 따른 問
(　　　　)　(　　)　(　　)

題를 바로잡기 위한 것이었다. 각 기관들은 情報管理의 體系 및 情報蒐集에 대한
(　　　　)　(　　　　)

計劃을 樹立하고, 文書作業의 量과 費用을 줄이는 方案을 講究할 것을 要請받았다. 이러한 制度의 施行結果( )行政部署( )는 費用節減( ), 能率向上( ), 서비스向上이라는 效果를 거둘 수 있었다.

그럼에도 불구하고 經營情報시스템 分野에서는 情報資源管理( )의 槪念을 無視하거나 또는 이 槪念을 情報시스템의 集中化( ) 내지 分散化( )에 관련된 問題로 축소 解釋하기도 했다. 또 일부에서는 데이터베이스를 이용한 資料利用( )의 活性化라는 것으로 解釋( )하기도 하였다. 그러나 외부 컨설턴트의 講演 등으로 金融機關과 같은 一部機關에서부터 점차 이 情報資源管理의 槪念( )을 제대로 認識( )하기 시작했다. 이제는 大部分의 企業들도 이러한 움직임에 同參( )하고 있다. 情報를 處理, 分析하는 手段의 하나인 情報시스템만을 重點的( )으로 다루는 것에서 脫皮( )하고, 情報라는 資源의 效果的 管理( )를 强調하는 情報資源管理( )는 여러 가지의 새로운 효과를 가져다 주었으며 정보시스템이라는 영역을 보다 體系化( )시키고 또한 經營學의 중요한 한 분야로 자리 매김을 하는 데 寄與( )했음을 否認할 수 없다.

最近에는 이런 움직임에서 한 발 더 나아가 정보를 創出하기 위한 技術( ), 資料( ), 사람이라는 세 核心要素( )의 統合的 管理로 定立해 나가고 있다. 특히 最近에는 이를 情報管理(Information Management)라고 부르고 있다. 경영학의 다른 분야에서도 관리해야 할 實體( )에다가 관리라는 말을 덧붙여 사용한다. 그러므로 情報管理로 부르기 시작한 것은 매우 바람직한 현상으로서 情報分野( )도 관리해야 할 實體와 目標를 분명히 구별 짓는 體系的인 틀을 갖추어 가고 있다는 느낌이 든다.

假想企業	經營情報	公 衆 網	客體指向
가 상 기 업	경 영 정 보	공 중 망	객 체 지 향
假 거짓 想 생각	情 뜻 報 갚을	公 공변될 衆 무리 網 그물	指 손가락 向 향할

廣 帶 域	光 纖 維	光速去來	無線呼出
광 대 역	광 섬 유	광 속 거 래	무 선 호 출
廣 넓힐 帶 띠 域 지역	光 빛 纖 가늘 維 밧줄	速 빠를 去 갈 來 올	呼 부를 出 날

多重接續	情報共有	變 調	補助記憶
다 중 접 속	정 보 공 유	변 조	보 조 기 억
多 많을 重 무거울 接 사귈 續 이을	共 함께 有 있을	變 변할 調 고를	補 도울 助 도울 記 기록할 憶 생각할

神 經 網	液晶 畵 面	私 有 網	開發週期
신 경 망	액 정 화 면	사 유 망	개 발 주 기
神 귀신 經 날	液 진액 晶 밝을 畵 그림 面 얼굴	私 개인 網 그물	開 열 發 보낼 週 돌 期 기약할

一括處理	資 料	雜 音	戰 略 情報
일 괄 처 리	자 료	잡 음	전 략 정 보
括 묶을 處 살 理 머무를	資 재물 料 헤아릴	雜 섞일 音 소리	戰 싸울 略 다스릴
運營體制	音聲合成	衛星通信	人工知能
운 영 체 제	음 성 합 성	위 성 통 신	인 공 지 능
運 회전할 制 만들	音 소리 聲 소리 合 합할 成 이룰	衛 지킬 星 별	知 알 能 능할

傳送媒體	電子決裁	電子金融	電子商去來
전 송 매 체	전 자 결 재	전 자 금 융	전 자 상 거 래
媒 중매 體 몸	決 터질 裁 마름질할	金 쇠 融 화합할	商 헤아릴 去 갈 來 올

電子郵便	障碍管理	低軌道	情報資源
전 자 우 편	장 애 관 리	저 궤 도	정 보 자 원
郵 역참 便 편할	障 가로막을 碍 거리낄	低 밑 軌 길 道 길	資 재물 源 근원

평가영역	학 과	학 번	성 명	점 수
경 영 정 보				

※ 漢字는 한글로, 한글은 漢字로 전환하여 빈칸을 채우시오.

漢 字	한 글	한 글	漢 字
1. 戰 略		1. 가상기업	
2. 公 衆 網		2. 정 보	
3. 廣 帶 域		3. 공 유	
4. 多重接續		4. 개 발	
5. 神 經 網		5. 자 료	
6. 液晶畫面		6. 호 출	
7. 衛 星		7. 통 신	
8. 一括處理		8. 상 거 래	
9. 運營體制		9. 금 융	
10. 電子金融		10. 보 조	

절 취 선

17. 統計·調査方法 用語

[讀解資料] 다음의 문장을 읽으면서 밑줄 친 漢字單語 아래에 音을 달아라

題目: 社會科學의 特性과 調査硏究

科學은 크게 自然科學(natural science)과 社會科學(social science)으로 나눌 수 있다.
(　　　) (　　　)

社會科學은 經濟學, 政治學, 社會學, 行政學, 社會福祉學 등과 같이 諸般 社會現象을 硏究
(　　)(　　)(　　)(　　)(　　　　) (　　　)

하는 과학이다. 그런데 社會科學의 硏究對象인 사회현상은 自然科學의 硏究對象인 自然現
(　　　)

象과는 달리 인간의 意志에 따라 形成되고 左右되며, 따라서 매우 可變的이고 多樣하고
(　　) (　　) (　　) (　　　) (　　)

特殊하여 一般化하기가 容易하지 않다. 과학이 一般化를 追求하며 현상의 規則性으로부터
(　) (　　) (　　) (　　) (　　)

理論을 導出하는 것이라고 할 때 社會現象에도 規則性이 있으나 이는 그 현상을 만드는
(　　)

主體인 인간의 意圖에 따라 언제든지 바뀌어질 수 있으며 特殊性을 띠고 例外가 많아
(　　) (　　　)

과학이 追求하는 目標를 成就하는 데 어려움으로 作用한다. 社會科學의 硏究對象이 갖는
(　　)

이러한 特性으로 인하여 社會科學이 과연 自然科學과 같이 科學으로 定立될 수 있을 것인지,

더 나아가 사회과학을 자연과학적 硏究方法을 사용하여 接近하는 것이 올바른 것인지 등의
(　　　) (　　)

문제에 대하여 學者들간에 많은 論爭이 提起되어 왔으며 이에 대하여 共通된 合意가
(　　)(　　) (　　)

存在하지 않는다.

그러나 적어도 社會科學者( )들은 科學의 本質은 그것이 다루는 對象에 있는 것이 아니라 다루는 方法에 있기 때문에 社會科學도 科學으로 定立될 수 있다고 본다. 즉 社會科學도 研究對象을 觀察( ), 測定( )하여 規則性을 發見하고 理論과 模型을 構成하고자 하는 점에서 自然科學과 다를 바 없는 科學이라는 것이다. 사회과학은 意志가 담긴 인간의 行爲( )를 다루므로 그 안에서 어떤 規則性을 찾는다는 것은 자연과학에서 규칙성을 찾아내는 것보다 훨씬 더 어려운 일이다. 그러나 인간의 行爲는 無作爲( )로 아무런 秩序( ) 없이 이루어지는 것이 아니라 社會的 規範( )과 慣習( )에 따라 이루어지므로 어떤 類型을 보이게 되며, 따라서 이러한 人間行爲로 構成되는 社會現象에서도 自然現象에서 볼 수 있는 것과 같은 嚴格한 規則性은 아닐지라도 어느 정도의 규칙성을 發見할 수 있고 이에 따라 社會科學이 成立될 수 있는 것이다. 만일 인간의 행위가 完全히 無規則的( )이라면 이에 관한 과학은 成立될 수가 없다. 人間行爲의 규칙성에 根據( )하여 社會科學에서도 과학이 目標로 하는 一般化가 가능하게 되고 理論의 定立이 可能하게 되는 것이다. (中略)

調査研究( )는 社會科學에서 社會的 現象( )의 諸 側面에 대한 人間行爲의 規則性을 發見하기 위한 資料들을 蒐集( )하는 데에 널리 利用되고 있다. 調査研究에 包含되는 여러 가지 調査의 種類 中 社會科學에서 가장 널리 사용되는 것은 質問紙( )나 調査表를 利用한 조사이다. 이 방법은 오늘날 특히 輿論調査( )나 市場調査( ) 등에서 흔히 사용되고 있으며 갤럽같은 輿論調査機關( )들은 이러한 調査方法( )을 發展시키는 데 寄與( )하였다.

調査方法	統 計 量	檢 定	推 定
조 사 방 법	통 계 량	검 정	추 정
調 고를 査 조사할	統 큰줄기 計 꾀	檢 봉함 定 정할	推 천거할 定 정할
歸無假設	對 立 假說	獨立變數	從 屬 變數
귀 무 가 설	대 립 가 설	독 립 변 수	종 속 변 수
歸 돌아갈 無 없을 假 거짓 設 세울	對 상대 立 설	獨 홀로 立 설 變 변할 數 셀	從 좇을 屬 모을

外生 變數	信賴度	妥當 度	記述 統計
외 생 변 수	신 뢰 도	타 당 도	기 술 통 계
外 바깥　生 날	信 믿을　賴 힘입을	妥 온당할　當 당할	統 큰줄기　計 계획

名目尺度	比率 尺度	序列 尺度	等間 尺度
명 목 척 도	비 율 척 도	서 열 척 도	등 간 척 도
名 이름　目 눈 尺 자　度 법	比 견줄　率 비율	序 차례　列 줄	等 가지런할　間 사이

平均	分散	歪度	尖度
평균	분산	왜도	첨도
平 평평할 均 고를	分 나눌 散 흩어질	歪 비뚤 度 법	尖 뾰족할 度 법

範圍	最頻値	誤差	標準偏差
범위	최빈치	오차	표준편차
範 법 圍 둘레	最 가장 頻 자주	誤 그릇날 差 어긋날	標 끝 準 기준 偏 치우칠 差 어긋날

母 集 團	標本抽出	復 元 抽出	群 集 抽出
모 집 단	표 본 추 출	복 원 추 출	군 집 추 출
母 어미 集 모일 團 둥글	抽 뺄 出 날	復돌아올 元 으뜸 抽 뽑을 出 날	群 무리 集 모일

分散分析	自由度	相關係數	散 布 圖
분 산 분 석	자 유 도	상 관 계 수	산 포 도
分 나눌 散 흩을	自 스스로 由 따를	相 서로 關 빗질 係 걸릴 數 셀	散 흩어질 布 베, 펼 圖 그림

有意水準	信賴 係 數	信賴 區 間	實驗設計
유 의 수 준	신 뢰 계 수	신 뢰 구 간	실 험 설 계
有 있을 意 뜻 水 물 準 법도	信 믿을 賴 힘입을	區 지경 間 사이	設 베풀 計 계획

臨 界 値	殘 差	交 叉 分析	集 落 分析
임 계 치	잔 차	교 차 분 석	집 락 분 석
臨 임할 界 지경	殘 해칠 差 어긋날	交 서로 叉 깍지 낄	集 모일 落 떨어질 分 나눌 析 가를

判 別 分析	正規分布	二 項 分布	確率變數
판 별 분 석	정 규 분 포	이 항 분 포	확 률 변 수
分 나눌 析 가를	正 바를 規 법 分 나눌 布 베, 펼	二 둘 項 목 分 나눌 布 펼	確 굳을 率 비율 變 변할 數 셀

適 合 度	試驗效果	縱斷調査	橫 斷 調査
적 합 도	시 험 효 과	종 단 조 사	횡 단 조 사
適 갈 合 합할	試 시험 驗 증거 效 본받을 果 실	縱 늘어질 斷 끊을 調 고를 査 사실	橫 가로 斷 끊을

평가영역	학 과	학 번	성 명	점 수
통계 · 조사방법				

※ 漢字는 한글로, 한글은 漢字로 전환하여 빈칸을 채우시오.

漢 字	한 글	한 글	漢 字
1. 假設檢定		1. 유의수준	
2. 分 散		2. 이항분포	
3. 歸無假設		3. 추 론	
4. 妥 當 度		4. 조 사	
5. 幾何平均		5. 표준편차	
6. 回歸分析		6. 변 수	
7. 順位尺度		7. 범 위	
8. 母 集 團		8. 평 균 치	
9. 散 布 度		9. 이항분포	
10. 復元抽出		10. 기술통계	

절

취

선

□ 부록 1 □

常用漢字 1800 字

가
佳 아름다울 가
假 거짓 가
價 값 가
加 더할 가
可 옳을 가
家 집 가
歌 노래 가
街 거리 가
架 시렁 가
暇 겨를 가

각
脚 다리 각
角 뿔 각
各 각자 각
閣 누각 각
刻 새길 각
覺 깨달을 각
却 물리칠 각

간
看 볼 간
間 사이 간
干 방패 간
刊 책펴낼 간
懇 간절할 간
簡 간략할 간
肝 간 간
姦 간사할 간
幹 줄기 간

갈
渴 목마를 갈

감
甘 달 감
敢 감히 감
減 덜 감
感 느낄 감
監 감독할 감
鑑 거울 감

갑
甲 갑옷 갑

강
强 강할 강
講 설명할 강
降 내릴 강, 항복할 항
江 물 강
綱 벼리 강
鋼 강철 강
剛 굳셀 강
康 편안할 강

개
皆 모두 개
個 낱 개
改 고칠 개
開 열 개
蓋 덮을 개
介 끼일 개
槪 대개 개
慨 슬퍼할 개

객
客 손 객

갱
更 다시 갱, 고칠 경

거
擧 들 거
居 거처할 거
巨 클 거
去 갈 거
車 수레 거, 성씨 차
拒 막을 거
據 의거할 거
距 떨어질 거

건
乾 하늘 건
建 세울 건
健 건강할 건
件 사건 건

걸
傑 뛰어날 걸

검
檢 조사할 검
劍 칼 검
儉 검소할 검

격

激 격동할 격
擊 칠 격
格 격식 격
乞 빌 걸
隔 사이 격

견

犬 개 견
堅 굳셀 견
見 볼 견, 나타날 현
肩 어깨 견
絹 비단 견
遣 보낼 견
牽 끌 견

결

決 정할 결
結 맺을 결
潔 깨끗할 결
缺 부족할 결

겸

謙 겸손할 겸
兼 겸할 겸

경

敬 공경할 경
輕 가벼울 경
驚 놀랄 경
京 서울 경
經 다스릴 경
更 고칠 경, 다시 갱
慶 경사 경
耕 밭갈 경
景 볕 경
庚 나이 경
競 다툴 경
鏡 거울 경
頃 이랑 경
警 경계할 경
境 지경 경
徑 지름길 경
竟 마침내 경
硬 굳을 경
傾 기울 경
卿 벼슬 경

계

計 셈할 계
界 지경 계
季 끝,철 계
溪 시내 계
癸 천간 계
鷄 닭 계
繼 이을 계
械 기계 계
契 맺을 계
啓 열 계
階 섬돌 계
係 걸릴 계
戒 경계할 계
系 이을 계
桂 계수나무 계
繫 맬 계

고

苦 괴로울 고
高 높을 고
古 옛 고
稿 원고 고
姑 시어미 고
孤 외로울 고
故 연고 고
告 알릴 고
固 굳을 고
考 살필 고
枯 마를 고
庫 창고 고
鼓 북 고
顧 돌아볼 고

곡

穀 곡식 곡
曲 굽을 곡
谷 골 곡
哭 울 곡

곤

坤 땅 곤
困 곤할 곤

골

骨 뼈 골

공

共 함께 공
公 공변될 공
工 장인 공
空 빌 공
功 공 공
攻 칠 공
恐 두려울 공
恭 공손할 공
孔 구멍 공
貢 바칠 공
供 이바지할 공

과

果 과실 과
科 과거 과
課 부과할 과
過 지날 과
誇 자랑할 과
寡 적을 과

곽

郭 성곽 곽

관

關 빗장 관
觀 볼 관
官 벼슬 관
管 대롱 관
館 집 관
冠 갓 관

寬 너그러울 관
貫 꿸 관
慣 익숙할 관

광

廣 넓을 광
光 빛 광
鑛 쇳돌 광
狂 미칠 광

과

掛 걸 괘

괴

怪 괴이할 괴
愧 부끄러워할 괴
壞 무너질 괴
塊 흙덩이 괴

교

校 학교 교
敎 가르칠 교
橋 다리 교
交 사귈 교
較 비교할 교
巧 공교할 교
郊 들 교
矯 바로잡을 교

구

救 구원할 구
口 입 구
求 구할 구
九 아홉 구
舊 옛 구
句 글귀 구
久 오랠 구
究 궁구할 구
具 갖출 구
球 구슬 구
驅 몰 구
俱 함께 구
苟 진실로 구
丘 언덕 구
拘 거리낄 구
區 나눌 구
龜 거북 구(귀), 터질균
懼 두려워할 구
狗 개 구
構 얽을 구

국

國 나라 국
菊 국화 국
局 판 국

군

君 임금 군
軍 군사 군
郡 고을 군
群 무리 군

굴

屈 굽을 굴

궁

弓 활 궁
宮 집 궁
窮 궁할 궁

권

勸 권할 권
權 권세 권
卷 책 권
拳 주먹 권
券 문서 권

권

厥 그 궐

궤

軌 길 궤

귀

歸 돌아올 귀
貴 귀할 귀
鬼 귀신 귀
龜 거북 귀(구), 터질 균

규

規 법 규
叫 부르짖을 규
糾 모을 규

균

均 고를 균
菌 버섯 균

극

極 다할 극
劇 연극 극
克 이길 극

근

根 뿌리 근
勤 부지런할 근
近 가까울 근
僅 겨우 근
斤 근 근
謹 삼갈 근

계

契 새길 계

금

禁 금할 금
今 이제 금
金 쇠 금 , 성씨 김
琴 거문고 금
禽 날짐승 금
錦 비단 금

급

及 미칠 급
給 줄 급

急 급할 급
級 등급 급

긍

肯 즐길 긍

기

起 일어날 기
氣 기운 기
幾 몇 기
旣 이미 기
己 몸 기
基 터 기
其 그 기
記 기록할 기
期 기약 기
技 재주 기
欺 속일 기
棄 버릴 기
忌 꺼릴 기
祈 빌 기
奇 기이할 기
騎 말탈 기
豈 어찌 기
紀 벼리 기
機 틀 기
旗 기 기
器 그릇 기
飢 주릴 기
畿 경기 기
企 꾀할 기
寄 부탁할 기

긴

緊 요긴할 긴

길

吉 길할 길

김

金 성씨 김, 쇠 금

나

那 어찌 나

낙

諾 허락 낙

난

難 어려울 난
暖 따뜻할 난

남

南 남녘 남
男 사내 남

납

納 들일 납
内 들일 납, 안 내

낭

娘 각시 낭

내

乃 이에 내
内 안 내, 들일 납
耐 견딜 내
奈 어찌 내

녀

女 계집 녀

년

年 해 년

념

念 생각 념

녕

寧 편안할 녕

노

怒 성낼 노
努 힘쓸 노
奴 종 노

농

農 농사 농

뇌

惱 괴로와할 뇌
腦 머릿골 뇌

능

能 능할 능

니

泥 진흙 니

다

多 많을 다
茶 차 다

단

短 짧을 단
單 홑 단
但 다만 단
丹 붉을 단
端 끝 단
旦 아침 단
段 층계 단
斷 끊을 단
壇 제터 단
檀 박달나무 단
團 둥글 단

달

達 통달할 달

담

談 말씀 담
淡 묽을 담
擔 멜 담

답

答 대답할 답

畓 논 답
踏 밟을 답

당

當 마땅할 당
堂 집 당
唐 당나라 당
黨 무리 당
糖 엿 당

대

大 큰 대
代 대신할 대
對 대할 대
待 기다릴 대
貸 빌릴 대
隊 떼 대
帶 띠 대
臺 돈대 대

덕

德 큰 덕

도

道 길 도
島 섬 도
到 이를 도
度 법도 도, 헤아릴 탁
圖 그림 도
刀 칼 도
都 도읍 도
徒 무리 도
盜 도둑 도
桃 복숭아 도
稻 벼 도
途 길 도
倒 넘어질 도
跳 뛸 도
導 인도할 도
逃 달아날 도
挑 돋울 도
陶 질그릇 도
渡 건널 도
塗 진흙 도

독

讀 읽을 독, 글귀 두
獨 홀로 독
督 감독할 독
毒 독할 독
篤 두터울 독

돈

敦 두터울 돈
豚 돼지 돈

돌

突 부딪칠 돌

동

動 움직일 동
冬 겨울 동
東 동녘 동
同 한가지 동
童 아이 동
洞 고을 동, 통할 통
銅 구리 동
凍 얼 동

두

豆 콩 두
頭 머리 두
斗 말 두
讀 글귀 두, 읽을 독

둔

鈍 무딜 둔
屯 진칠 둔

득

得 얻을 득

등

燈 등잔 등
登 오를 등
等 무리 등
騰 오를 등

라

羅 그물 라

락

樂 즐길 락, 풍류 악,
좋아할 요
落 떨어질 락
絡 이을 락

란

卵 알 란
亂 어지러울 란
蘭 난초 란
欄 난간 란

람

濫 넘칠 람
覽 볼 람

랑

郞 사내 랑
浪 물결 랑
廊 행랑 랑

래

來 올 래

랭

冷 찰 랭

략

略 간략할 략
掠 노략질할 략

량

兩 둘 량
良 어질 량
量 헤아릴 량

涼 서늘할 량
諒 살필 량
梁 들보 량
糧 양식 량

려

旅 나그네 려
麗 고울 려
慮 생각할 려
勵 힘쓸 려

력

力 힘 력
歷 지낼 력
曆 책력 력

련

練 익힐 련
連 이을 련
戀 사모할 련
聯 잇닿을 련
憐 불쌍히 여길 련
鍊 단련할 련
蓮 연꽃 련

렬

烈 매울 렬
列 벌일 렬
劣 용렬할 렬
裂 찢을 렬

렴

廉 청렴할 렴

렵

獵 사냥 렵

령

令 명령할 령
領 거느릴 령
靈 신령 령
嶺 재 령
零 떨어질 령

례

禮 예도 례
例 법식 례
隷 종 례

로

路 길 로
老 늙을 로
勞 수고로울 로
露 이슬 로
爐 화로 로

록

綠 푸를 록
鹿 사슴 록
錄 기록할 록
祿 복 록

론

論 의논할 론

롱

弄 희롱할 롱

뢰

賴 의지할 뢰
雷 우뢰 뢰

료

料 헤아릴 료
了 마칠 료
僚 벼슬아치 료

룡

龍 용 룡

루

漏 샐 루
樓 다락 루
淚 눈물 루
累 여러 루
屢 자주 루

류

留 머무를 류
柳 버들 류
流 흐를 류
類 무리 류

륙

六 여섯 륙
陸 뭍 륙

륜

倫 인륜 륜
輪 바퀴 륜

률

律 법 률
率 비율 률
栗 밤 률

륭

隆 성할 륭

릉

陵 언덕 릉

리

里 마을 리
理 다스릴 리
利 이로울 리
履 밟을 리
梨 배 리
吏 관리 리
李 오얏 리
裏 속리
離 떠날 리

린

隣 이웃 린

림

林 수풀 림

臨 임할 림

립

立 설 립

마

馬 말 마
麻 삼 마
磨 갈 마

막

莫 아닐 막
漠 사막 막
幕 장막 막

만

萬 일만 만
晩 늦을 만
滿 찰 만
慢 거만할 만
漫 부질없을 만

말

末 끝 말

망

忘 잊을 망
望 바랄 망
亡 망할 망
忙 바쁠 망
罔 없을 망
妄 망녕될 망
茫 망망할 망

매

妹손아랫누이 매
每 매양 매
賣 팔 매
買 살 매
媒 중매 매
埋 묻을 매
梅 매화나무 매

맥

麥 보리 맥
脈 맥 맥

맹

孟 맏 맹
盟 맹세할 맹
盲 소경 맹
猛 사나울 맹

면

面 낯 면
眠 잠잘 면
免 면할 면
勉 힘쓸 면
綿 솜 면

멸

滅 멸망할 멸

명

名 이름 명
命 목숨 명
明 밝을 명
鳴 울 명
銘 새길 명
冥 어두울 명

모

母 어미 모
毛 털 모
暮 저물 모
貌 모양 모
某 아무 모
謀 꾀할 모
模 법 모
募 뽑을 모
慕 사모할 모
侮 업신여길 모
冒 무릅쓸 모, 묵돌 묵

목

目 눈 목
木 나무 목
牧 기를 목
睦 화목할 목

몰

沒 빠질 몰

몽

夢 꿈 몽
蒙 어릴 몽

묘

卯 토끼 묘
妙 묘할 묘
墓 무덤 묘
廟 사당 묘
苗 싹 묘

무

務 힘쓸 무
戊 천간 무
武 호반 무
無 없을 무
舞 춤출 무
茂 무성할 무
霧 안개 무
貿 무역할 무

묵

墨 먹 묵
默 말없을 묵

문

門 문 문
問 물을 문
文 글월 문
聞 들을 문

물

物 만물 물

勿 말 물

미

味 맛 미
尾 꼬리 미
未 아닐 미
美 아름다울 미
米 쌀 미
迷 미혹할 미
微 작을 미
眉 눈썹 미

민

民 백성 민
憫 불쌍히여길 민
敏 민첩할 민

밀

密 빽빽할 밀
蜜 꿀 밀

박

朴 순박할 박
博 넓을 박
拍 손뼉칠 박
泊 배댈 박
迫 핍박할 박
薄 얇을 박

반

反 돌이킬 반
半 반 반
飯 밥 반
返 돌아올 반
盤 쟁반 반
班 나눌 반
叛 배반할 반
般 옮길 반
伴 짝 반

발

發 필 발
拔 뺄 발
髮 머리털 발

방

方 모 방
訪 찾을 방
防 방비할 방
放 놓을 방
房 방 방
邦 나라 방
妨 방해할 방
傍 곁 방
倣 본받을 방
芳 꽃다울 방

배

杯 잔 배
拜 절 배
倍 곱 배
北 달아날 배, 북녘 북
培 북돋을 배
背 등 배, 배반할 패
排 물리칠 배
配 짝 배
輩 무리 배

백

百 일백 백
白 흰 백
伯 맏 백

번

番 차례 번
飜 뒤집을 번
繁 번성할 번
煩 번거러울 번

벌

伐 칠 벌
罰 벌줄 벌

범

凡 무릇 범
範 법 범
犯 범할 범

법

法 법 법

벽

碧 푸를 벽
壁 바람벽 벽

변

便 문득 변, 편할 편
變 변할 변
邊 가 변
辯 말잘할 변
辨 분별할 변

별

別 다를 별

병

丙 남녘 병
兵 군사 병
病 병들 병
屛 병풍 병
竝 아우를 병

보

保 보호할 보
步 걸음 보
報 갚을 보
譜 계보 보
補 도울 보
普 넓을 보
寶 보배 보

복

復 회복할 복, 다시 부
服 옷 복
伏 엎드릴 복
福 복 복
卜 점칠 복

複 겹칠 복
腹 배 복
覆 뒤집힐 복, 덮을 부

본

本 근본 본

봉

逢 만날 봉
奉 받들 봉
鳳 새 봉
蜂 벌 봉
峯 봉우리 봉
封 봉할 봉

부

父 아비 부
否 아니 부
扶 도울 부
浮 뜰 부
部 붙을 부
婦 며느리 부
夫 사내 부
富 부자 부
復 다시 부, 회복할 복
賦 구실 부
赴 다다를 부
副 버금 부
簿 장부 부
符 부적 부
負 짐질 부
付 줄 부
附 붙을 부
府 마을 부
腐 썩을 부
覆 덮을 부, 뒤집힐 복

북

北 북녘 북, 달아날 배

분

分 나눌 분
憤 분할 분
紛 어지러울 분
奔 달아날 분
墳 무덤 분
奮 떨칠 분
粉 가루 분

불

不 아닐 불
佛 부처 불
拂 떨 불

붕

朋 벗 붕
崩 무너질 붕

비

悲 슬플 비
鼻 코 비
飛 날 비
比 견줄 비
非 아닐 비
備 갖출 비
妃 왕비 비
費 소비할 비
婢 계집종 비
肥 살찔 비
卑 낮을 비
批 비평할 비
碑 비석 비
秘 숨길 비

빈

貧 가난할 빈
頻 자주 빈
賓 손 빈

빙

氷 얼음 빙
聘 청할 빙

사

寺 절 사
師 스승 사
四 넉 사
仕 벼슬 사
死 죽을 사
士 선비 사
使 하여금 사
絲 실 사
事 일 사
思 생각할 사
舍 집 사
史 역사 사
謝 사례할 사
巳 뱀 사
私 사사 사
射 쏠 사, 맞힐 석
邪 간사할 사, 어조사 야
詞 말씀 사
蛇 뱀 사
捨 버릴 사
賜 줄 사
斜 비낄 사
詐 속일 사
社 모일 사
沙 모래 사
司 맡을 사
似 같을 사
祀 제사 사
査 조사할 사
寫 베낄 사
辭 말씀 사
斯 이 사
食 밥 사, 먹을 식

삭

削 깎을 삭
朔 초하루 삭
數 자주 삭, 셈 수

산

山 메 산

算 셈할 산
散 흩을 산
産 낳을 산

살

殺 죽일 살, 감할 쇄

삼

三 석 삼
參 석 삼, 참여할 참

상

上 위 상
尙 오히려 상
霜 서리 상
商 장사 상
相 서로 상
常 항상 상
傷 상할 상
賞 상줄 상
想 생각할 상
喪 잃을 상
像 형상 상
床 평상 상
償 갚을 상
詳 자세할 상
狀 형상 상, 문서 장 象
코끼리 상
桑 뽕나무 상
裳 치마 상
祥 상서로울 상
嘗 맛볼 상

쌍

雙 둘 쌍

새

塞 변방 새, 막을 색

색

色 빛 색
索 찾을 색
塞 막을 색, 변방 새

생

生 날 생
省 덜 생, 살필 성

서

西 서녘 서
書 글 서
暑 더위 서
序 차례 서
署 관청 서
敍 펼 서
緖 실마리 서
庶 여럿 서
徐 천천히할 서
恕 용서할 서
誓 맹세할 서
逝 갈 서

석

夕 저녁 석
石 돌 석
惜 아낄 석
昔 옛 석
釋 풀 석
席 자리 석
析 쪼갤 석
射 맞힐 석, 쏠 사

선

仙 신선 선
線 실 선
先 먼저 선
鮮 고울 선
船 배 선
選 가릴 선
善 착할 선
旋 돌 선
宣 베풀 선
禪 고요할 선

설

說 말씀 설, 기쁠 열,
달랠 세
雪 눈 설
設 베풀 설
舌 혀 설

섭

涉 건널 섭
攝 당길 섭

성

姓 성 성
城 재 성
誠 성실할 성
省 살필 성, 덜 생
成 이룰 성
聖 성인 성
星 별 성
性 성품 성
聲 소리 성
盛 성할 성

세

稅 세금 세
世 인간 세
歲 해 세
細 가늘 세
勢 기세 세
洗 씻을 세
說 달랠 세, 말씀 설,
기쁠 열

소

笑 웃을 소
小 작을 소
少 적을 소
所 바 소
消 끌 소
素 바탕 소
蘇 깨어날 소
昭 밝을 소

騷 시끄러울 소
燒 불사를 소
訴 소송할 소
掃 쓸 소
召 부를 소
蔬 나물 소
疎 성길 소

속

速 빠를 속
續 이을 속
俗 풍속 속
束 묶을 속
屬 붙을 속,부탁할 촉
粟 조 속

손

孫 손자 손
損 덜 손

송

送 보낼 송
松 소나무 송
訟 소송할 송
誦 욀 송
頌 칭송할 송

쇄

刷 인쇄할 쇄
鎖 쇠사슬 쇄
殺 감할 쇄, 죽일 살

쇠

衰 쇠할 쇠, 상복 최

수

讎 원수 수
愁 근심 수
水 물 수
手 손 수
受 받을 수
數 수 수, 자주 삭
收 거둘 수
守 지킬 수
授 줄 수
壽 장수할 수
雖 비록 수
樹 나무 수
修 닦을 수
首 머리 수
秀 빼어날 수
須 모름지기 수
獸 짐승 수
遂 마침내 수
睡 잠잘 수
輸 보낼 수
殊 다를 수
帥 장수 수
需 쓸 수
隨 따를 수
囚 죄인 수
垂 드리울 수
搜 찾을 수

숙

淑 맑을 숙
宿 잠잘 숙
叔 아재비 숙
肅 엄숙할 숙
熟 익을 숙
孰 누구 숙

순

順 따를 순
純 순수할 순
循 돌 순
巡 순행할 순
瞬 눈깜짝할 순
殉 따라죽을 순
旬 열흘 순
脣 입술 순

술

戌 개 술
術 재주 술
述 베풀 술

숭

崇 숭상할 숭

습

習 익힐 습
拾 주울 습
濕 젖을 습
襲 엄습할 습

승

勝 이길 승
乘 탈 승
承 이을 승
昇 오를 승
僧 중 승

시

時 때 시
市 시장 시
詩 시 시
示 보일 시
始 시작할 시
試 시험할 시
是 이 시
施 베풀 시
視 볼 시
侍 시중할 시
矢 화살 시

씨

氏 성씨 씨

식

植 심을 식
食 먹을 식, 밥 사
式 법 식
識 알 식, 기록할 지
飾 꾸밀 식
息 숨쉴 식

신

新 새로울 신
身 몸 신
信 믿을 신
神 신 신
臣 신하 신
辛 매울 신
申 잘내비 신
伸 펼 신
愼 삼갈 신
晨 새벽 신
辰 별 신(진)

실

室 집 실
失 잃을 실
實 열매 실

심

心 마음 심
深 깊을 심
甚 심할 심
尋 찾을 심
審 살필 심

십

十 열 십

아

我 나 아
兒 아이 아
芽 싹 아
亞 버금 아
雅 아담할 아
餓 배주릴 아
牙 어금니 아

악

惡 사악할 악, 미워할 오
岳 큰 산 악
樂 풍류 악, 즐길 락, 좋아할 요

안

顔 얼굴 안
案 책상 안
安 편안할 안
眼 눈 안
岸 언덕 안
雁 기러기 안

알

謁 아뢸 알

암

巖 바위 암
暗 어두울 암

압

壓 누를 압
押 누를 압

앙

仰 우러를 앙
央 중앙 앙
殃 재앙 앙

애

愛 사랑할 애
哀 슬플 애
涯 물가 애

액

額 이마 액
厄 재앙 액

야

野 들 야
夜 밤 야
也 어조사 야
耶 어조사 야, 간사할 사

약

藥 약 약
弱 약할 약
若 만약 약
約 약속할 약
躍 뛸 약

양

洋 바다 양
讓 사양할 양
陽 볕 양
羊 양 양
養 기를 양
揚 날릴 양
樣 모양 양
壤 흙 양
楊 버들 양

어

魚 고기 어
漁 고기잡을 어
語 말씀 어
於 어조사 어
御 모실 어

억

億 억 억
憶 기억할 억
抑 누를 억

언

言 말씀 언
焉 어조사 언

엄

嚴 엄할 엄

업

業 일 업

여

如 같을 여
余 나 여
汝 너 여
餘 남을 여

與 줄 여
予 나 여
輿 수레 여

역

亦 또 역
逆 거스를 역
易 바꿀 역 , 쉬울 이
疫 전염병 역
驛 역마 역
役 부릴 역
域 지경 역
譯 통역할 역

연

煙 연기 연
研 연구할 연
然 그러할 연
燕 제비 연
燃 불탈 연
演 연기할 연
鉛 납 연
延 끌 연
軟 연할 연
沿 물따라 갈 연
宴 연회 연
緣 인연 연

열

熱 뜨거울 열
悅 기쁠 열
說 기쁠 열, 말씀 설, 달랠 세
閱 검열할 열

염

炎 불꽃 염
鹽 소금 염
染 물들 염

엽

葉 입 엽

영

榮 영화로울 영
永 영원할 영
英 영웅 영
迎 맞을 영
影 그림자 영
泳 헤엄칠 영
營 경영할 영
映 영화 영
詠 읊을 영

예

藝 기예 예
豫 기쁠 예
譽 명예로울 예
銳 날카로울 예

오

吾 나 오
五 다섯 오
午 낮 오
悟 깨달을 오
誤 그릇될 오
烏 까마귀 오
嗚 탄식할 오
娛 즐거워할 오
汚 더러울 오
傲 거만할 오
惡 미워할 오, 사악할 악

옥

屋 집 옥
玉 구슬 옥
獄 감옥 옥

온

溫 따뜻할 온

옹

翁 늙은이 옹
擁 안을 옹

와

臥 누울 와
瓦 기와 와

완

完 마칠 완
緩 느릴 완

왈

曰 말할 왈

왕

王 임금 왕
往 갈 왕

외

外 바깥 외
畏 두려워할 외

요

要 중요할 요
搖 흔들 요
謠 노래 요
腰 허리 요
遙 멀 요
樂 좋아할 요, 즐길 락, 풍류 악

욕

欲 하고자할 욕
浴 목욕할 욕
辱 욕할 욕
慾 욕심 욕

용

用 쓸 용
容 얼굴 용
勇 용감할 용
庸 떳떳할 용

우

宇 집 우

憂 우수할 우
右 오른 우
雨 비 우
友 벗 우
牛 소 우
又 또 우
遇 만날 우
尤 더욱 우
于 어조사 우
羽 깃 우
愚 어리석을 우
優 우수할 우
郵 우편 우
偶 짝 우

운

雲 구름 운
云 이를 운
運 옮길 운
韻 운치 운

웅

雄 웅장할 웅

원

圓 둥글 원
遠 멀 원
怨 원망할 원
願 원할 원
原 근원 원
園 동산 원
元 으뜸 원
員 인원 원
援 도울 원
源 근원 원
院 집 원

월

月 달 월
越 뛰어넘을 월

위

位 자리 위
危 위험할 위
爲 할 위
偉 위대할 위
威 으를 위
緯 씨줄 위
胃 위장 위
圍 에워쌀 위
委 맡길 위
衛 호위할 위
違 어길 위
慰 위로할 위
謂 말할 위
僞 거짓 위

유

唯 오직 유
油 기름 유
幼 어릴 유
有 있을 유
遊 놀 유
由 말미암을 유
遺 남길 유
柔 부드러울 유
酉 닭 유
猶 같을 유
儒 선비 유
幽 그윽할 유
惟 생각할 유
維 이을 유
乳 젖 유
裕 넉넉할 유
誘 꾀일 유
悠 한가할 유
愈 나을 유

육

肉 고기 육
育 기를 육

윤

潤 윤택할 윤
閏 윤날 윤

은

恩 은혜 은
銀 은행 은
隱 숨을 은

을

乙 새을

음

音 소리 음
吟 읊을 음
陰 그늘 음
飮 마실 음
淫 음란할 음

읍

邑 고을 읍
泣 울 읍

응

應 대답할 응
凝 엉길 응

의

醫 의원 의
意 뜻 의
衣 옷 의
依 의지할 의
義 옳을 의
議 의논할 의
矣 어조사 의
儀 거동 의
疑 의심할 의
宜 마땅할 의

이

二 둘 이

以 써 이
異 다를 이
移 옮길 이
耳 귀 이
已 이미 이
而 말이을 이
夷 오랑캐 이
易 쉬울 이, 바꿀 역

익

益 더할 익
翼 날개 익

인

忍 참을 인
因 인할 인
人 사람 인
印 도장 인
引 이끌 인
仁 어질 인
認 인정한 인
寅 범 인
姻 혼인할 인

일

日 날 일
一 한 일
逸 뛰어날 일

임

壬 천간 임
任 맡길 임
賃 품삯 임

입

入 들 입

자

子 아들 자
自 스스로 자
字 글자 자
者 사람 자
姉 누이 자
慈 인자할 자
資 재물 자
姿 맵시 자
刺 찌를 자
玆 이 자
恣 방자할 자
紫 자색 자

작

作 지을 작
昨 어제 작
酌 짐작할 작
爵 벼슬 작

잔

殘 남을 잔

잠

潛 잠길 잠
暫 잠깐 잠

잡

雜 잡될 잡

장

長 길 장
將 장수 장
場 마당 장
章 글 장
壯 장할 장
丈 어른 장
障 막힐 장
臟 오장 장
奬 권장할 장
張 베풀 장
裝 꾸밀 장
藏 감출 장
帳 휘장 장
腸 창자 장
墻 담 장
葬 장사지낼 장
莊 씩씩할 장
粧 단장할 장
掌 손바닥 장
狀 문서 장, 형상 상

재

在 있을 재
再 또 재
財 재물 재
材 재목 재
才 재주 재
栽 심을 재
哉 어조사 재
災 재앙 재
裁 마를 재
載 실을 재
齊 재계할 재,
가지런할 제
宰 재상 재

쟁

爭 다툴 쟁

저

貯 쌓을 저
低 낮을 저
著 드러날 저
底 바닥 저
抵 막을 저
諸 어조사 저, 모두 제

적

的 과녁 적
赤 붉을 적
適 갈 적
敵 원수 적
寂 적막할 적
籍 서적 적
積 쌓을 적
績 길쌈 적
賊 도둑 적
摘 딸 저

跡 발자취 적
滴 물방울 적

전

典 법 전
前 앞 전
田 밭 전
全 온전할 전
錢 돈 전
展 전시할 전
戰 전쟁 전
電 전기 전
專 오로지 전
轉 구를 전
傳 전할 전
殿 대궐 전

절

絶 끊을 절
節 마디 절
折 꺾을 절
切 끊을 절, 모두 체

竊 훔칠 절

점

店 점포 점
漸 점차 점
占 점칠 점
點 점 점

접

接 맞을 접
蝶 나비 접

정

正 바를 정
井 우물 정
淨 깨끗할 정
定 정할 정
丁 고무래 정
停 머무를 정
庭 정원 정
政 정치 정
精 세밀할 정
情 정감 정
貞 곧을 정
頂 꼭대기 정
靜 고요할 정
亭 정자 정
訂 바로잡을 정
廷 조정 정
程 법 정
征 칠 정
整 정돈할 정

제

弟 아우 제
第 차례 제
製 지을 제
祭 제사 제
題 제목 제
帝 황제 제
諸 모두 제, 어조사 저
除 제할 제
提 끌 제
齊 가지런할 제, 재계할 재
際 때 제
濟 구제할 제
制 억제할 제
堤 방죽 제

조

兆 조 조
助 도울 조
鳥 새 조
早 이를 조
造 만들 조
朝 아침 조
祖 할아비 조
調 고를 조
租 세금 조
照 비칠 조
組 짤 조
燥 마를 조
條 가지 조
操 잡을 조
潮 조수 조
弔 조상할 조

족

足 발 족
族 겨레 족

존

存 있을 존
尊 높을 존

졸

卒 군사 졸
拙 옹졸할 졸

종

種 씨 종
鍾 종 종
終 마칠 종
從 따를 종
宗 마루 종
縱 세로 종

좌

坐 앉을 좌
左 왼 좌
佐 도울 좌
座 자리 좌

죄

罪 죄 죄

주

宙 우주 주
主 주인 주
酒 술 주
走 달릴 주
朱 붉을 주
注 물댈 주

晝 낮 주
住 살 주
舟 배 주
株 그루 주
周 두루 주
柱 기둥 주
州 고을 주
洲 물가 주
奏 아뢸 주
珠 구슬 주
鑄 쇠부어 만들 주

죽

竹 대 죽

준

準 법도 준
俊 준걸 준
遵 따라갈 준

중

中 가운데 중
重 무거울 중
衆 무리 중
仲 버금 중

즉

卽 곧 즉
則 곧 즉, 법칙 칙

증

證 증거 증
曾 일찍 증
蒸 찔 증
憎 미워할 증
症 병세 증
贈 줄 증

지

只 다만 지
支 가지 지
之 길 지
地 땅 지
知 알 지
止 그칠 지
紙 종이 지
指 가리킬 지
持 지탱할 지
至 다다를 지
志 뜻 지
枝 가지 지
池 못 지
誌 기록할 지
遲 더딜 지
智 지혜 지
識 기록할 지, 알 식

직

直 곧을 직
職 직분 직
織 짤 직

진

盡 다할 진
辰 별 진(신)
進 나아갈 진
眞 참 진
陣 진칠 진
振 떨칠 진
鎭 진압할 진
珍 보배 진
陳 베풀 진
震 벼락 진

질

質 바탕 질
疾 병 질
姪 조카 질
秩 질서 질

집

執 잡을 집
集 모을 집

징

徵 부를 징
懲 징계할 징

차

此 이 차
次 버금 차
借 빌 차
且 또 차
差 어긋날 차
車 성씨 차, 수레 거

착

着 붙을 착
錯 섞일 착
捉 잡을 착

찬

贊 찬성할 찬
讚 칭찬할 찬

찰

察 살필 찰

참

參 참가할 참, 석 삼
慘 참혹할 참
慙 부끄러울 참

창

昌 창성할 창
唱 노래부를 창
窓 창 창
倉 창고 창
蒼 푸를 창
暢 화창할 창
創 비롯할 창

채

菜 나물 채
採 캘 채
彩 무늬 채

債 빚질 채

책

責 꾸짖을 책
冊 책 책
策 꾀 책

처

妻 아내 처
處 곳 처

척

尺 자 척
斥 내칠 척
拓 던질 척
戚 친척 척

천

千 일천 천
天 하늘 천
川 내 천
泉 샘 천
淺 얕을 천
薦 추천할 천
遷 옮길 천
踐 밟을 천
賤 천할 천

철

鐵 쇠 철
哲 밝을 철
徹 뚫을 철

첨

添 더할 첨
尖 뾰족할 첨

첩

妾 첩 첩

청

青 푸를 청
晴 갤 청
請 청할 청
淸 맑을 청
聽 들을 청
廳 관청 청

체

體 몸 체
替 바꿀 체
切 모두 체, 끊을 절
滯 막힐 체
逮 미칠 체
遞 번갈아 체

초

草 풀 초
初 처음 초
招 부를 초
超 뛰어넘을 초
抄 베낄 초
肖 같을 초
礎 초석 초
秒 시간단위 초

촉

促 재촉할 촉
觸 닿을 촉
燭 촛불 촉
屬 부탁할 촉, 붙을 속

촌

村 마을 촌
寸 마디 촌

총

聰 귀밝을 총
銃 총 총
總 거느릴 총

최

最 최고 최
催 재촉할 최
衰 상복 최, 쇠할 소

추

秋 가을 추
追 좇을 추
推 밀 추
抽 뽑을 추
醜 더러울 추

축

祝 축하할 축
丑 소 축
築 지을 축
蓄 쌓을 축
逐 쫓을 축
畜 가축 축
縮 줄 축

춘

春 봄 춘

출

出 날 출

충

忠 충성 충
蟲 벌레 충
充 채울 충
衝 충돌할 충

취

吹 불 취
取 취할 취
就 나아갈 취
臭 냄새 취
醉 취할 취
趣 주창할 취

측

側 곁 측
測 측량할 측

층

層 층 층

치

致 이를 치
治 다스릴 치
齒 이빨 치
恥 부끄러울 치
置 둘 치
値 값 치

칙

則 법 칙, 곧 즉

친

親 친할 친

칠

七 일곱 칠
漆 옻칠할 칠

침

針 바늘 침
枕 베개 침
沈 잠길 침
浸 적실 침
侵 침략할 침
寢 잠잘 침

칭

稱 칭할 칭

쾌

快 쾌할 쾌

타

他 다를 타
打 때릴 타
墮 떨어질 타
妥 온당할 타

탁

濯 빨 탁
托 맡길 탁
濁 탁할 탁
度 헤아릴 탁, 법도 도
卓 탁자 탁

탄

炭 숯 탄
彈 튕길 탄
歎 탄식할 탄
誕 태어날 탄

탈

脫 벗어날 탈
奪 빼앗을 탈

탐

探 찾을 탐
貪 탐낼 탐

탑

塔 탑 탑

탕

湯 국 탕

태

泰 클 태
太 클 태
態 태도 태
怠 게으를 태
殆 위태로울 태

택

宅 집 택
擇 택할 택
澤 못 택

토

土 흙 토
吐 뱉을 토
討 토론할 토

통

通 통할 통
統 거느릴 통
痛 아플 통
洞 통할 통, 고을 동

퇴

退 물너갈 퇴
推 밀 퇴, 미룰 추

투

投 던질 투
透 사무칠 투
鬪 싸울 투

특

特 특별할 특

파

波 물결 파
破 깨뜨릴 파
派 물결 파
播 씨뿌릴 파
罷 파할 파
頗 자못 파
把 잡을 파

판

判 판단할 판
板 널 판
版 조각 판
販 팔 판

팔

八 여덟 팔

패

貝 조개 패
敗 질 패
背 배반할 패, 등 배

편

片 조각 편
便 편할 편, 문득 번

篇 책 편
編 엮을 편
遍 두루 편
偏 치우칠 편

평

平 평평할 평
評 평론할 평

폐

閉 닫을 폐
幣 화폐 폐
廢 폐할 폐
蔽 가릴 폐
弊 폐단 폐
肺 허파 폐

포

布 베 포
抱 안을 포
暴 사나울 포, 드러날 폭
包 쌀 포
胞 태 포
飽 배부를 포
浦 물가 포
捕 잡을 포

폭

暴 드러날 폭, 사나울 포
爆 폭발할 폭
幅 넓이 폭

표

表 겉 표
票 쪽지 표
標 표할 표
漂 뜰 표

품

品 물건 품

풍

風 바람 풍
豊 풍성할 풍

피

皮 가죽 피
彼 저 피
疲 파리할 피
被 입을 피
避 피할 피

필

匹 짝 필
必 반드시 필
筆 붓 필
畢 마칠 필

하

下 아래 하
何 어찌 하
夏 여름 하
河 물 하
賀 축하할 하
荷 멜 하

학

學 배울 학
鶴 학 학

한

恨 한맺힐 한
寒 추울 한
閑 한가할 한
限 한계 한
漢 한나라 한
韓 한나라 한
汗 땀 한
旱 가물 한

할

割 벨 할

함

咸 다 함
含 머금을 함
陷 빠질 함

합

合 합할 합

항

抗 대항할 항
恒 항상 항
巷 거리 항
航 물건널 항
項 목 항
港 항구 항
行 항오 항, 다닐 행
降 항복할 항, 내릴 강

해

亥 돼지 해
害 해할 해
海 바다 해
奚 어조사 해
解 풀 해
該 해당할 해

핵

核 씨 핵

행

行 다닐 행, 항오 항
幸 다행 행

향

向 향할 향
享 누릴 향
香 향기 향
鄕 고을 향
響 소리 향

허

許 허락할 허

虛 빌 허

헌

軒 동헌 헌
憲 법 헌
獻 드릴 헌

험

險 험할 험
驗 시험할 험

혁

革 가죽 혁

현

玄 검을 현
現 드러날 현
絃 악기줄 현
賢 어질 현
縣 고을 현
懸 매달 현
顯 나타날 현
見 나타날 현, 볼 견

혈

穴 구멍 혈
血 피 혈

협

協 도울 협
脅 으를 협
嫌 싫어할 혐

형

兄 맏 형
刑 형벌 형
亨 형통할 형
形 형상 형
螢 반딧불 형
衡 저울대 형

혜

兮 어조사 혜
惠 은혜 혜
慧 지혜 혜

호

互 서로 호
户 지게 호
乎 어조사 호
好 좋을 호
呼 부를 호
虎 호랑이 호
胡 오랑캐 호
浩 넓을 호
毫 터럭 호
湖 호수 호
號 부를 호
豪 호걸 호
護 보호할 호

혹

或 혹 혹
惑 의혹될 혹

혼

婚 혼인할 혼
昏 어두울 혼
混 섞일 혼
魂 혼백 혼

홀

忽 문득 홀

홍

弘 클 홍
洪 넓을 홍
紅 붉을 홍
鴻 기러기 홍

화

火 불 화
化 화할 화
禾 벼 화
花 꽃 화
和 화합할 화
貨 재물 화
華 빛날 화
畵 그림 화, 그을 획
話 말씀 화
禍 재화 화

확

確 확실할 확
擴 늘릴 확
穫 거둘 확

환

丸 구슬 환
患 근심 환
換 바꿀 환
還 돌 환
環 고리 환
歡 기쁠 환

활

活 살 활

황

況 하물며 황
荒 황무지 황
皇 임금 황
黃 누를 황

회

回 돌아올 회
悔 후회할 회
會 모을 회
懷 품을 회

획

劃 그을 획
獲 얻을 획
畵 그을 획, 그림 화

횡

橫 가로 횡

효

孝 효도 효
效 본받을 효
曉 새벽 효

후

侯 제후 후
厚 두터울 후
後 나중 후
候 날씨 후

훈

訓 가르칠 훈

훼

毁 헐 훼

휘

揮 휘두를 휘
輝 빛날 휘

휴

休 쉴 휴
携 이끌 휴

흉

凶 흉할 흉
胸 가슴 흉

흑

黑 검을 흑

흡

吸 숨쉴 흡

흥

興 일어날 흥

희

希 바랄 희
稀 드물 희
喜 기쁠 희
戱 놀이 희

□ 부록 2 □

漢字쓰기 練習用紙 (　　) 次

學番(　　　　　　　　) 姓名(　　　　　　　)

* 학습 지도자가 이 용지를 복사하여 네모 속에 필요한 한자 과제를 내고 학생들이 작성 세출토록 이용한다.

著者略歷

鄭 在 教

東亞大學校 (經營學學士)
釜山大學校 (經營學碩士)
慶星大學校 (經營學博士)
釜山經商大學 中小企業硏究所長, 圖書館長 歷任
韓國經濟開發硏院 理事(現)
釜山바른선거시민모임 協議會 會長(現)
釜山經商大學 企業經營科 敎授(現)
著書: 現代統計學(進明文化社), 商經漢字(三英社) 등

저자와 합의하에
인지는 생략함.

사회실무계열을 위한 **大學漢字**

2010년 3월 10일 제1판 1쇄 발행
2011년 9월 25일 제1판 2쇄 발행

저 자 정 재 교
발행인 김 광 식
조 판 아 람 기 획

120-837
발행처 서울시 서대문구 충정로 3가 8-5 동아아트 B 103호
도서출판 **탑 북 스**
등 록 2009.12.21 제 312-2009-000062 호
전 화 02)365-2223 팩스 02)365-2224

정가 10,000원
ISBN 978-89-94318-10-3-93800